孙云晓◎主编

"五个好习惯"丛书

Making the Habit
of Charity

培养仁爱好习惯

孙云晓 孙宏艳◎著

北京师范大学出版集团
BEIJING NORMAL UNIVERSITY PUBLISHING GROUP
北京师范大学出版社

图书在版编目(CIP)数据

培养仁爱好习惯 / 孙云晓，孙宏艳著.—北京：北京师范大学出版社，2014.1
（"五个好习惯"丛书）
ISBN 978-7-303-17172-9

Ⅰ.①培… Ⅱ.①孙… ②孙… Ⅲ.①品德教育－儿童读物 Ⅳ.①G611

中国版本图书馆CIP数据核字（2013）第243104号

营 销 中 心 电 话　　010-58805072 58807651
京师心悦读读新浪微博　　http://weibo.com/bjsfpub

PEIYANG REN'AI HAOXIGUAN

出版发行：北京师范大学出版社 www.bnup.com
　　　　　北京新街口外大街 19 号
　　　　　邮政编码：100875
印　　刷：北京中印联印务有限公司
经　　销：全国新华书店
开　　本：170mm × 240mm
印　　张：13
字　　数：177千字　　印数：1—10 000
版　　次：2014 年 1 月第 1 版
印　　次：2014 年 1 月第 1 次印刷
定　　价：29.00元

策划编辑：谢　影　　责任编辑：尹莉莉
美术编辑：袁　麟　　装帧设计：尚世视觉
责任校对：李　菡　　责任印制：陈　涛
营销编辑：张雅哲　　zhangyz@bnupg.com

目录 CONTENTS

序言 PREFACE

培养好习惯的六个步骤

父母们都明白，教育孩子需要用好方法。那什么是好方法呢？在我看来，最好的也是最有效的儿童教育方法，就是培养良好的行为习惯。

说得更彻底、更准确一些，儿童教育的根本任务就是良好习惯缔造健康人格。说得更具体、更实用一些，就是通过培养仁爱助人、主动学习、认真负责、自我管理和尊重他人五个良好习惯，促进少年儿童健康人格指标的实现。如何有效地去做呢？这套"五个好习惯"丛书及《习惯决定孩子一生》，就是习惯与人格研究专家学者给予您的极为重要的建议。

有一位母亲跟我说："我的孩子真讨厌，坏毛病太多了，不爱写作业、整天黏在电视跟前，上网玩游戏没完没了，您说怎么办呢？我都说他八百遍了，就是改不了。"

因为比较熟悉，我和她开玩笑说："您要是这样说孩子八千遍，他就更改不了了。一位著名的儿科医生跟我说，一句话重复三遍就是对别人的折磨。您对孩子说的话重复了八百遍，他怎么受得了？"我建议父母们，如果不信我的话，可以把每天对孩子说的话录下来，录一星期放给自己听听，父母自己都会烦死。

孩子们对我抱怨说："我妈妈真烦人，每天都唠叨不完，她只要嘴唇一

1

动，我就知道她要讲什么，因为她天天都讲一样的话。"

我也惊讶地发现，许多父母都像克隆人，对孩子唠叨一样的话：别看电视了，别玩游戏了，赶快写作业！你要是考不上好中学，怎么考上好大学？上不了好大学，以后怎么找好工作？没有好工作，你喝西北风去？这样的话说一遍两遍还可以，说多了之后就变成一堆噪声，只能让孩子情绪混乱、信心崩溃。这是您想要的结果吗？

实际上，没有一个孩子不想成为好孩子，也没有一个孩子不想好好学习。他学习不好可能是碰到了困难，孩子需要的是您具体有效的帮助，而不是唠叨或训斥。所以我给大家一个忠告——训子千遍，不如培养一个好习惯。

其实，许多父母已经开始重视孩子的习惯培养，可是为什么效果不明显呢？我发现，问题在于有些父母还是把习惯培养当成了说教的内容，而忽略了习惯培养是一套科学的教育方法，需要按其规律来做才会见效。

自2001年到2010年的10年间，作为中国青少年研究中心研究员和副主任，我一直在主持少年儿童习惯研究课题，即教育部的全国教育科学规划"十五"课题——"少年儿童行为习惯与人格的关系研究"，后来接着做全国教育科学规划"十一五"课题——"少年儿童自我管理习惯培养与社会适应的关系研究"。

特别需要说明的是，我们的研究之所以能够取得突破性的成果，首先是有一个强大的科研团队，如全国有几百所中小学和幼儿园参与了我们的研究；中国科学院心理研究所的张梅玲研究员与我共同担任课题组组长；在博士生导师邹泓教授的带领下，北京师范大学心理学院6位博士生深入北京11所小学，进行了为期一年的实验研究，对少年儿童行为习惯与人格的关系做了深入细致的探索。

"五个好习惯"丛书及《习惯决定孩子一生》，是我们10年课题研究成果与建议的普及版，是关于习惯培养内容与方法最为通俗和实用的读本，同样由我们课题组的专家学者所撰写。这次再版做了许多重大修改和内容补充，可能更适合今天的父母和教师阅读使用。

在这里，我愿意试着分享一下习惯培养的六大步骤，或许会给大家一些帮助。过去曾经把提高认识和榜样教育合并为一个步骤，也是可以的，分开讲解的好处是可以更加细致，便于操作。

习惯培养的第一步——提高认识，或者说，引导孩子对养成某个习惯产生兴趣、认同和信心。

儿童时期最好的教育莫过于养成良好的习惯。所谓好孩子一定是有好习惯的孩子，所谓有问题的孩子一般都是坏习惯很多的孩子。一个坏习惯可能使人丧失了良机，而一个好习惯则可能使人走向成功。

什么叫坏习惯？坏习惯是藏不住的缺点。比如，"中国式过马路"被视为国耻，一般也难以改变，成为近乎疯狂的坏习惯。据公安部 2012 年前 10 个月的统计，全国因为闯红灯肇事导致涉及人员伤亡的道路交通事故 4 227 起，死亡 798 人，因违反道路标志标线导致 26 000 人死亡。还要死多少人才能改变？

我给大家讲一个案例：

据 2012 年 6 月 8 日东方卫视和《新闻晚报》等媒体报道，当天 14 点 47 分，在华东模范中学考点外，一名考生突然出现，用不算急速的步伐走到考点门口。此时，考点大门已经关闭。"您的准考证呢？"考点工作人员问。"不是 15 点才开始考试吗？"考生一边出示准考证一边问。"同学，您没看到准考证上面清楚地写着英语科目考试 14 点 45 分停止入考场吗？"工作人员指着准考证上的一行字对考生说。此时，考生的妈妈也匆匆忙忙赶到，向工作人员恳求："请帮帮忙吧，只迟到了几分钟，路上自行车坏了。不能参加考试会影响他一生的！"

但考点工作人员严格遵照考试规定，不放行迟到考生。焦急的妈妈无奈中给工作人员下跪，而冲动的考生则抬脚踢向大门，随后更是攀爬铁门，跳进考点内，被几名考点工作人员拦住。经层层汇报请示，最终确定这名迟到 2 分钟的考生不能入场，闻听此讯，考生的妈妈失声痛哭。

尽管高考前各方都会反复提醒，高考英语科目考试考生必须要在 14 点 45 分前进入考场，但每年还是有人会忽视"听力提前 15 分钟入场"的规定而错失考试机会。任何对自己负责的同学都不应该有这样低级的失误。

上面这个让人感慨的事情告诫我们，每个人都需要养成确认的习惯，否则就会有吃不消的苦头。对于一个学生来说，养成确认的习惯更会终身受益，例如，平时写完作业认真检查，考试的时候仔细审题，与别人有约的事情要牢记在心并提前落实等。这样的学生不仅学习成绩会好，为人处世也会受到欢迎。

有人会问，习惯到底是什么呢？习惯就是习以为常的行为，是一种稳定的自动化的行为，是经过反复练习而养成的语言、行为、思维等生活方式，它是人们头脑中所建立起来的一系列的条件反射。

习惯培养的第二步——明确行为规范，让孩子对养成某个良好习惯的具体标准清清楚楚。

北京市史家小学的一个男孩子上课时很调皮，把任课老师惹生气了，下课了全班同学都埋怨他。这个小男孩很懊恼，就去找他的班主任孙蒲远老师。

孙老师做过 40 多年的小学班主任，经验丰富，是一位全国特级教师。她听了小男孩的话说："犯了错就认错还是好孩子嘛。那你准备怎么认错呢？"小男孩说："我去给老师赔礼道歉，再给老师鞠个躬。"孙老师说："鞠躬很好，会让对方知道你很有诚意。可是你会鞠躬吗？试一下我看看。"小男孩直挺挺地点了一下头。孙老师摇摇头说："这不是鞠躬，这只是点头嘛，点头道歉缺乏诚意。"那个男孩愣住了，因为长这么大，他从来不知道鞠躬与点头有什么区别。

这时，孙老师站起来，给小男孩演示怎么鞠躬：挺胸抬头，双手自然下垂，然后上身向下弯曲与地面平行，这才是鞠躬。男孩子虔诚地练习了多次，去给任课老师认错时果然被接受。

孙蒲远不愧是全国特级教师，她教育学生不光有耐心，还细心，因为只有细致入微地指导，才能培养出真正的好习惯。甚至可以说，儿童成长离不开细节的指导。

习惯培养的第三步——适时进行榜样教育，让孩子对养成某个良好习惯产生亲切而向往的感情。

天津社科院的关颖研究员曾经与儿子难以沟通，儿子房间里贴了许多篮球明星乔丹的画像，因为乔丹是他心中的偶像。后来，一向不喜欢篮球的关颖开始与儿子一起看篮球比赛了，并且收集了许多乔丹的故事，这让儿子对妈妈刮目相看，自然亲近了起来。关颖发现，只要与儿子谈乔丹，儿子就心服口服，因为他对这个偶像有认同感、亲切感。

许多偶像的身上具有榜样的因素，如果善于挖掘这些因素，使偶像逐渐变为榜样，就可能产生良好的教育效果。关颖就是这样做的，她借助乔丹这个榜样的力量，使全家人和谐相处，儿子的发展也越来越好。

青少年时代就是榜样时代和偶像时代，因为青少年的学习特点就是观察和模仿。当然，青少年的榜样和偶像并非都是名人，更多的是他们的伙伴。因此，父母和教师既可以选择孩子喜爱的名人榜样，也可以选择孩子的优秀伙伴，只要发现他们的某些好习惯，就会对孩子产生巨大的影响力。

习惯培养的第四步——坚持不懈的行为训练，让孩子由被动到主动再到自动，养成某个良好习惯。

美国的心理学家研究发现，初步养成一个习惯需要21天，而形成一个稳定的习惯需要90天。就是说，一个习惯的形成，一定是一种动作或行为能够持续一段时间，他们测算是21~90天。我们的研究发现，不同的行为习惯形成的时间也不相同，总之是坚持的时间越长习惯越牢。

举一个例子，孩子洗手您就得给他训练，不洗手就不能吃东西，只要是吃东西就必须洗手。吃饭的时候洗手了吗？看看，您老问孩子，还老看孩子，孩子慢慢就习惯了。开始一看妈妈，就知道"哦，我要洗手"，到以后他就不用提醒了，就如现在我们大人早上起来洗脸刷牙，还要提醒吗？这是习惯！养成了习惯就成了稳定的自动化的行为。

那么孩子的习惯养成呢，有一个由被动到主动再到自动的过程，因此要训练。做父母的都很明白，孩子小的时候容易乱，早上起来，"我的袜子呢？我的鞋呢？裤子呢？"东找西找的，什么都找不到了，很乱。这就是没养成好习惯。

我建议父母们采取一个办法，孩子要从小就开始养成一些良好的习惯。比如，晚上睡觉以前，把衣服叠好，把鞋子放好，都放在一个固定的位置，把自己上学的书包有序地整理好。孩子开始不会，父母可以指导，演示一下，然后弄乱了让孩子做，孩子往往就很有兴趣，像军人一样，被子叠得整整齐齐。

培养习惯需要持之以恒，但开始的一个月是关键时期。过了这一个月，孩子就能够养成初步的习惯。所以说很多好习惯都要这么一步一步训练出来。

习惯培养的第五步——及时评估和奖惩，让孩子在成功的体验中养成良好习惯。

有的父母对孩子说："这个假期你要好好把你写字握笔的姿势练好，开学前我要检查。"

这种要求恐怕不行，孩子经常管不住自己，笼统的要求对他们难以起作用。因此父母要把大计划分割成很多个小计划，并不断地与孩子一起总结评估：今天做得好，可以奖励一颗小星星；7天都得到小星星，可以换1颗大星星；得到3颗大星星，就可以获得更高的奖励。

这样，孩子每天都会知道自己是否进步了，并期待着明天的进步。

北京有一位妈妈，儿子上五年级，写作业磨蹭。在心理学专家的指导下，妈妈开始采取习惯培养的措施。

有一天，妈妈开始观察儿子到底是怎么写作业的。她发现儿子写一个小时的作业站起来七回，一回打开冰箱看看有什么好吃的，一回打开电视看看动画片开始了没有，不到十分钟站起来转两圈，这样写作业能不磨蹭吗？

于是妈妈对儿子说："你是一个很聪明的孩子，完全能够学习好，但是我刚才给你数了数，一个小时站起来七回，是不是太多了？我看你写一个小时的作业站起来三回就差不多了吧。"儿子一愣，想不到妈妈挺宽容的，说三回就三回。妈妈继续说："你如果一个小时内站起来不超过三回，当天晚上的动画片可以多看。"儿子听了高兴得不得了。妈妈又说："先别开心，有奖必有罚，如果你一小时写作业站起来超过了三回，当天晚上的电视就不能看，包括动画片。"

母子协议达成了。

结果五天下来，儿子有三天做到了，一小时写作业站起来不超过三回，兴高采烈地看了动画片。但是有两天忘了，一到了下午6点就急，因为不能看动画片，可怎么央求妈妈也不能看。

真正的教育是自我教育，真正的控制是自我控制。孩子就这样慢慢地变化了，一想到一个小时只能站起来三回，就会慢慢地控制，并用争取晚上看动画片来激励自己。

就这样，经过三个月的训练，这个孩子终于养成了专心写作业的好习惯。

我觉得这位妈妈就是一位教子有方的好妈妈。我从她的成功经验中，总结出了习惯培养的基本方法——加减法。也就是说，培养好习惯用加法，改正坏习惯用减法。您想让孩子养成什么样的好习惯，就千方百计引导他好的行为不断地出现，出现的次数越多，好习惯越牢。我们可以借鉴这个做法，就是给孩子一个可以接受的过程，让他们慢慢地把坏习惯改掉而养成好习惯，或者说用好习惯代替坏习惯。

习惯培养的第六步——形成良好的环境或风气，让家庭生活和学校环境乃至社会风气成为孩子养成良好习惯的支持力量。

我们培养孩子好习惯需要注意，一定要形成一个良好的环境，因为环境对人的影响是巨大的。比如，在家里都不能骂人，孩子如果骂人，全家人都不理他，就是好的环境。

家里有个学生，最好的环境就是家庭成为书香之家。当孩子在学习的时候，父母千万别打麻将。有的父母边"哗啦哗啦"打麻将，边说："儿子，好好学习啊，考北大、考清华。"他能考上吗？

再如，您老在家里看电视，一集接一集没完没了，看得泪水涟涟。您说："孩子，别看电视，你要好好学习，写作业去。"您说这孩子能专心学习吗？

您知道孩子这个时候怎么办吗？有个孩子告诉我，父母看电视他不敢过来，但是他想看，他就把门开个缝儿，耳朵竖得尖尖的，用耳朵听电视，这多累呀！所以说人是环境的产物。那该怎么办呢？孩子不在家的时候您尽可以看电视，孩子学习的时候您最好别看电视。您是个大人都控制不了，孩子还那么小，他更抵抗不住诱惑了。所以，培养好习惯最需要父母和教师为孩子做出榜样，最需要建设良好的家庭、学校和社会环境。

我完全相信，身为父母没有人不希望培养孩子良好的习惯，问题是具体该怎么做。我们以阅读为例来探讨一下如何创造良好的环境来培养好习惯。

请父母们思考以下五个培养阅读习惯的关键环节：

人是环境的产物，父母是最好的榜样，书香之家最有利于培养孩子的读书习惯。所谓书香之家，就是家里不仅有很多书，并且父母具有读书习惯。孩子经常看到父母在读书，就会很自然地模仿，怎么可能不喜欢读书呢？

孩子都是喜欢听故事的，因为儿童的思维方式以形象思维为主，故事对他们最具魔力。如果父母坚持从幼儿阶段就给孩子读故事听，小学阶段坚持与孩子轮流读或者互相讲故事，孩子能不喜欢读书吗？如果固定读书时间，甚至固定舒适的阅读位置，更会有助于阅读习惯的养成。

儿童的阅读兴趣和能力都是有差异的。对于那些偏爱看电视或玩网络游戏的孩子，也有很多办法引导。比如，他看了电视连续剧《西游记》或玩了网络游戏《植物大战僵尸》，他可能会对原著或相关图书产生兴趣，父母跟他一起读效果更佳。

给孩子自主选择的权利，非常有利于培养孩子养成阅读习惯，而最简单也最有效的方法，就是经常带孩子逛书店或进图书馆。给孩子适量的钱，让孩子在书海浏览的基础上选择自己最喜欢和最需要的书。请注意：

儿童阅读兴趣第一，相信孩子会由兴趣入手敲开神奇的知识之门。

有些进入青春期的孩子好动不好静，他们开始对外面的世界充满好奇，而旅行就是富有魅力的选择。如果委以重任，请孩子查阅资料做旅行的设计与安排，特别是参观名胜古迹和名人故居，请孩子做导游，都可能促进孩子养成阅读的习惯。

完全可以相信，只要做到以上任何一条，孩子就有希望喜欢阅读。如果做到以上两三条，孩子就有希望养成阅读习惯，并且终身受益。

习惯的培养是一门科学。那么习惯培养的原则是什么呢？是要尊重孩子，尊重孩子的主人地位。习惯培养的目标是什么呢？是培养良好习惯来解放孩子的大脑，让孩子从一些低级的、束缚自己的不良行为习惯中解放出来，比如不磨蹭、不撒谎、不欺负人等。要使孩子生活得很有情趣、很有意义。

21世纪是两代人相互学习、共同成长的世纪，习惯培养的过程也是两代人相互学习、共同成长的过程。有些习惯孩子比大人形成得早，像环保，我们就要向孩子学习，父母和孩子一起成长。而且好的关系胜过许多教育，父母和老师跟孩子的关系越好越有助于孩子良好习惯的形成，这样才有亲和力，亲其师信其道。

习惯决定孩子命运，教育的核心是培养健康人格，培养健康人格最有效的途径就是从培养行为习惯做起。我们抓住行为习惯培养这个根本，就抓住了家庭教育最有效的一条途径，这就是我们家庭教育最基本的任务。让我们记住这样一句名言：家庭是培养习惯的学校，父母是培养习惯的老师，儿童教育就是培养好习惯，我们通过培养好习惯来缔造孩子的健康人格。

2013年11月于北京世纪城

9

第一章
一切从爱自己开始

顽强的生命之歌

您是否期待孩子长大以后过着这样的生活呢：

当他每天早晨在朝阳中醒来，欣喜地开始一天的生活，心情愉悦地对自己说：阳光真好，空气真好，生活真好；

当他每天晚上在工作后回到家里，躺在床上，会心满意足地对自己说：今天我做得真好，我为自己高兴；

当他在事业或生活中遇到困难或挑战时，依然心情平静，自信面对，对自己说：没关系，一切都会好起来的；

他孝敬父母，爱孩子，爱身边的人，脸上经常洋溢着温暖的笑容；

他语气平和，不急不慌，既不狂妄也不自卑；

他会经常向别人伸出援助之手，周围的人因为有他更快乐，他也因为别人的快乐而快乐；

当白发爬上他的鬓角，看着镜中的自己，即使已经有了皱纹，仍然会笑着说：夕阳真好，每一天都真好。

大多数父母培养孩子的目标，就是希望孩子一生都能像这样生活在自信、快乐、温暖的情绪中，爱自己，爱父母，爱他人，爱社会，具有仁爱之心。生活不会永远一帆风顺，总会遇到这样那样的波折。有仁爱之心的人，面对各种困境会微笑生活，克服阻碍，内心依然对周围的人和事物充满了爱心，这样的人才算懂得了人生的真谛。

这并不是一个无法实现的梦想，只要父母帮助孩子学会爱，把仁爱变成一种习惯，孩子就会这样去生活。所谓仁爱，就是对自己有信心、接纳和欣赏自己；对他人有宽容心和同情心；对弱者有慈善心；对大自然有亲近心。因为仁爱，孩子将会成长为一个内心有力量且心灵丰盈、生活充实的人。

当父母培养孩子仁爱的习惯时，要先从爱生命开始。因为生命，赋予了人们灵性，赋予了人们思想，赋予了人们情感。生命，如同 1 000 000 前面的 "1"，没有 1，后面所有的 "0" 都失去意义。

作家杰克·伦敦的著名作品《热爱生命》讲述了一个人与死亡抗争的故事，这篇文章至今依然脍炙人口，已经入选到语文教材中，相信很多父母和孩子都读过。故事的主人公在病饿交加的环境中与饿狼进行赤手空拳的搏斗，最终制服恶狼，得到救助。整个故事很悲壮，充分展示了生命的顽强。主人公之所以能战胜困境，根源是对生命的热爱。正是因为把唯一的一次生命看得无比宝贵，才能在绝境中依然坚守，不服输不妥协，最终成为生命的赢家。

让我们一起来读一段杰克·伦敦的《热爱生命》吧，共同感受一下生命的顽强与壮美。在下面这一段里，描述了主人公和恶狼的对峙：

这一天，他和那条船之间的距离缩短了三英里；第二天，又缩短了两英里——因为现在他是跟比尔先前一样地在爬；到了第五天末尾，他发现那条船离开他仍然有七英里，而他每天连一英里也爬不到了。晚秋的晴天仍然继续，他于是继续爬，继续晕，辗转不停地爬；而那头狼也始终跟在他后面，不断地咳嗽和喘气。他的膝盖已经和他的脚一样鲜血淋漓，尽管他撕下了身上的衬衫来垫膝盖，他背后的苔藓和岩石上仍然留下了一路血迹。有一次，他回头看见病狼正饿得发慌地舐着他的血迹，他不由得清清楚楚地看到了自己可能遭到的结局——除非——除非他干掉这只狼。于是，一幕从来没有演出过的残酷的求生悲剧就开始了——病人一路爬着，病狼一路跛着，两个生灵就这样在荒原里拖着垂死的驱壳，相互猎取着对方的生命。

"船"和"狼"在《热爱生命》这篇文章中反复出现。"船"仿佛是我们的生活目标，"狼"犹如生活中遇到的各种困难。在困境中坚守目标不放弃，面对各种艰难险阻努力抗争，最终享受生命的价值与光辉，正是这篇文章至今仍然让人读了惊心动魄的原因。

主人公活下去的意志非常坚定，即使他已经爬不动了，即使他知道恶狼仍然不离不弃地追随着他，但他却有着顽强的求生意志，就是到了死神的铁掌里仍然要反抗。

有一次，他从昏迷中给一个贴着他耳朵喘气的声音惊醒了。只见那只狼一跛一跛地往回跳，它因为身体虚弱，一失足摔了一跤。样子可笑极了，可是他一点也不觉得有趣。他甚至也不害怕。他已经虚弱到了极点，无力害怕了。不过，这一会，他的头脑却很清醒，于是他躺在那儿，细细地想。那条船离他不过四英里路，他把眼睛擦净之后，可以很清楚地看到它；同时，他还看见一条在光辉的大海里破浪前进的小船的白帆。可是，无论如何他也爬不完这四英里路。这一点，他是知道的，而且知道以后，他还非常镇静。他知道他连半英里路也爬不了。不过，他仍然要活下去。

在经过了千辛万苦之后，他居然会死掉，那未免太不合理了。命运对他实在太苛刻了。然而，尽管奄奄一息，他还是不情愿死。也许，这种想法完全是发疯，不过，就是到了死神的铁掌里，他仍然要反抗它，不肯死。

他闭上眼睛，极其小心地让自己镇静下去。疲倦像涨潮一样，从他身体的各处涌上来，但是他刚强地打起精神，绝不让这种令人窒息的疲倦把他淹没。这种要命的疲倦，很像一片大海，一涨再涨，一点一点地淹没他的意识。有时候，他几乎完全给淹没了，他只能用无力的双手划着，漂游过那黑茫茫的一片；可是，有时候，他又会凭着一种奇怪的心灵作用，另外找到一丝毅力，比较坚强地划着。

杰克·伦敦这篇《热爱生命》流传这么多年依然经久不衰，自然有其经典的理由。文中那些沉稳的、不动声色的描述，虽没有多么起伏跌宕，但是却步步惊心，让人们惊叹生命的顽强，为主人公热爱生命的情怀所感动。

热爱生命，这是一种宝贵的品质，是一种值得坚持的行为。一个热爱生命的人，他的人生必然斑斓多彩，他的生命过程必然铮铮作响。

无疑，生命是上天赐予人类最宝贵的礼物，是父母赐予孩子最深情的礼物。生命是伟大的，值得每一个人敬畏和珍惜。生命在上亿年的演化中才变成了今天的模样。我们的祖先曾经是类人猿，不穿衣服，吃森林里的野果生存。经过一辈辈人的努力，我们开始有漂亮衣服、有美食、有了各种艺术和娱乐活动，这些都是生命的奇迹；作为生命个体来说，来到这个世界上的生命都是胜利者，他们是父亲身体中最优秀的精子和母亲身体中最优秀的卵子的成功结合，他们是父母的爱的结晶；再者，每个生命都有权利获得友情、亲情、爱情，都会因此而情深似海、情重如山！如果一个人面对这样的生命奇迹都无动于衷，如果一个人连自己都不爱，我们还指望他爱谁呢？所以，培养孩子有仁爱心，先要从爱自己开始。

然而，生活中有很多人并不热爱和珍惜生命。有的人因为一次考试失败便一蹶不振，有的人因为坠入失恋漩涡终日以泪洗面，有的人因为被误解就暴饮暴食糟蹋身体，还有的人因为没有朋友感觉孤独便想放弃生命……自杀是生活中的极端现象，可另外一些伤害生命的"小事"却往往更容易被忽略。例如，缺乏锻炼，不遵守科学的作息时间，影响身体健康；生活习惯不好，大鱼大肉吃吃喝喝，影响身体发育；遇到烦恼憋闷在心里，不注意情绪疏导，轻视心理健康等等。这些事情看似较小，实际上都是不珍惜生命的表现。如果孩子们未来选择这样的生活，肯定不是父母们希望看到的。父母们辛苦培养孩子长大，自然希望他们健康快乐地生活。

爱自己是一切爱的开端，不珍惜自己的人，是没有资格谈爱生活爱他人的。父母们也许会发现，现在有些孩子变得冷漠了、无情了，似乎对一切都无所谓，父母的暖暖话语、老师的谆谆教诲、伙伴的亲密友情、小动物的温软呢喃、花草的芳香摇曳，都难以在孩子心中荡起涟漪。生命对于任何人都只有一次，我们都希望这唯一的上苍眷顾能如夏花之灿烂。尤其是刚刚踏入人生旅途的少年儿童，我们更希望他们能活泼健康、蓬勃向上地成长，老气横秋、愁眉苦脸、对万事无动于衷的状态，肯定不是我们成年人对孩子的期待。

除了孩子自身充满生机的生活，我们还希望孩子学会关心父母，关心老师，对伙伴友善，对大自然的一草一木有所感悟，这样的人触觉灵敏，心思细腻，可以感知生活的无限美好，这样既可以丰富自己的生命，也可以因为感知丰富而使生命丰盈，使一生都生活在爱的包围中，这样才不枉来这个世界上走一遭。相反，如果孩子对自己、对父母，抑或对老师、对伙伴，对大自然无声无息的万物都无动于衷，生命和生活也会因此少了许多颜色与精彩。

孝敬父母、关心集体、热爱国家，都要从爱自己开始。因为爱自己，他会知道自己之所以有今天这样的生命奇迹，是父母给的，父母为此付出了无数艰辛，所以会爱父母，孝敬父母、体贴父母；因为爱自己，他会想到，老师为了培养这样一个有知识有修养的生命花费的心血，所以会爱老师，尊敬老师；因为爱自己，他会知道自己的快乐有很多来自同伴的友谊，所以会爱朋友，真诚地对待他们；因为爱自己，他会想到今天的成长得益于大自然的无私馈赠，所以会尽情享受大自然，并爱护大自然。只有爱的思想进入了孩子们的内心世界，才能调动自主性，把爱变成自觉行动。

领悟生命的价值

毫无疑问，很多人都知道生命宝贵，都知道要热爱和珍惜生命，但是结果却是不一样的：有些人在受到困苦、危害的时候放弃了生命，有些人却能够把苦难当作营养，在困境中看到生机；有些人正在用一些懒惰、暴饮暴食、不按时睡眠等小细节损害着生命，有的人却能克服惰性坚持运动，坚持科学的生活方式……道理大家都懂，为什么会产生了不同的结果？根源在于道理并没有真正深入人心。要让珍爱生命的理念深深植入孩子的心中，需要有效的培养方法。

1. 鱼妈妈的葬礼

习惯研究发现，对孩子进行移情教育，是帮助他们认识生命重要意义的好方法，尤其是对那些低龄儿童，这个方法更有效。

广东省佛山市南海区大沥沥东幼儿园，曾参加了中国青少年研究中心的"少年儿童行为习惯与人格的关系研究"，对幼儿园的孩子进行关爱行为习惯的培养。经过3年多的研究和实践，他们发现孩子们更懂得关爱自己、关爱他人了。原来小班的孩子"饭前便后要洗手"的习惯并不好，大多数幼儿不会自觉去洗手，经过一年多的习惯养成教育，自觉去洗手的孩子增加了68.8%，不经常洗手的减少了62.7%。原来中班的孩子在"乐于助人，关爱他人"方面也表现较差，仅有24.7%的孩子表现较好，55%的孩子表现一般，77.5% 的孩子表现较差。经过养成教育后，表现很好的孩子增加了 52.8%，表现一般的孩子增加了 1.7%，表现差的孩子减少了 45.5%。

幼儿园在总结研究经验时谈到，他们结合幼儿喜欢小动物的年龄特点，让孩子在幼儿园里饲养一些小动物，如小金鱼、小兔、小鸡等，让他们给小动物喂食物、喂水、打扫粪便，带小动物到草地上去散步。每到周六、周日，更是让孩子轮流把小动物带回家饲养，在照料小动物的过程中，孩子们体验到爱心、同情心等。

一位老师给我们介绍了当时发生在幼儿园的一件事。那时正值"非典"时期，幼儿园的 100 多条锦鲤陆续死掉了，孩子们都非常难过。有一天，又一条大锦鲤奄奄一息，孩子们伤心透了，因为他们把这条大鱼称为"鱼妈妈"。有的孩子说："把鱼妈妈拿到我们班来吧，我们想办法救它！"还有的孩子说："要是鱼妈妈死了，鱼爸爸会很难过的，它的小鱼怎么办啊？"根据老师的判断，这条鱼难以存活了，面对孩子们焦急的心情，老师并没有简单地安慰孩子们不要难过，而是带着孩子们用了各种方法去抢救。有的往鱼嘴里吹气，有的帮忙加温水，有的帮它摇尾巴做运动，还有的给鱼妈妈说悄悄话……也有的孩子开始七嘴八舌地出主意，"给它打针吃药就能救活它了！""给它喂点儿粥吧，它可能饿了吧……"孩子们的话很稚嫩，在我们成年人看来这些方法几乎没有抢救意义，但这位老师没有阻止孩子们的抢救，真诚地和孩子们一起去做着各种各样的抢救活动。最终结果可想而知，锦鲤在孩子们焦急、伤心的眼神中死去。孩子们哭得很伤心，老师在安慰孩子们的同时，又带着孩子们一起在幼儿园的菜地里找了空地，为鱼妈妈举行了葬礼。在葬礼上，天真的孩子们给鱼妈妈送上最后的礼物，有的送树叶、有的送野草，有的送野花……孩子们还一起为鱼妈妈唱了儿歌。

这位老师巧妙地运用了生活中发生的一件小事来帮助孩子感悟生命、关爱生命。作为成年人，当然知道那条锦鲤无法救活，但是她没有直截了当地告诉孩子们"这鱼没救了"、"把鱼扔了吧"，而是带着孩子去抢救锦鲤，让孩子们在抢救鱼妈妈的过程中表达爱心。锦鲤死去后，她又和孩子们一起埋葬锦鲤，还鼓励孩子们给鱼妈妈送礼物，哪怕只是一片树叶，一棵小草，一朵野花，它们的背后是孩子们的一颗颗爱心。

这位老师使用移情的方法启迪孩子们爱惜生命，收到了良好的效果。移情，简单地说就是将心比心，让孩子们通过对小动物的喜爱，慢慢将感情转移到对自己的生命、对他人的生命的珍爱上来。移情，是孩子体验的一种方式，是通过对其他事物的感情来感受父母的爱和亲友的情。

对孩子来说，观察和体验是非常有效的教育方式。父母可以在家庭中多为孩子创造一些这样的机会。在一些家庭中，有的父母通过启发，让孩子去想象"假如世界上没有生命"，让孩子感受世界因生命而丰富多彩；有的父母带孩子到大自然中去观察，用观察法让孩子去探究生命的不同，让孩子正视各种不同的生命；还有的父母带孩子做小实验，或通过养殖花草树木、小动物等方式，让孩子感受到生命的奇迹。

2. 课本中的那些美文

移情的方法看起来似乎更适合低年级的孩子，其实不然，移情不仅仅是对小动物的感情，对其他事物的感情也可以转移。对于年龄大一些的孩子，可以通过对其他事物的感情引发孩子对生命的热爱，例如，电影、电视、小说或者文艺作品，那些歌颂生命、赞扬人类力量的文章、诗歌、电视片等，都可以给孩子看看，激发孩子热爱生命，珍爱自己。

一所中学组织学生们观看电影《凤凰劫》，讲述的是一架承载着石油开采队伍的飞机在荒漠中遇到猛烈的风沙暴，导致飞机坠毁。幸存者在荒漠中得不到救援，但并没有放弃求生的希望，而是开始想办法如何逃出绝境。后来他们克服种种困难，改造严重受损的飞机，成功地飞出荒漠。看完电影后，教师组织学生概括影片的主要内容，并结合所学习过的"珍爱生命"等相关知识，谈观后感，以生动形象的方式提升学生对生命的认识。

这样的电影有很多，父母可以利用休闲时间，和孩子一起看优秀的电影或电视节目，或者共同看一本有意思的小说，然后一起讨论这些精神食粮带来的生命启迪。

孩子的课本也有很多内容值得借鉴，爸爸妈妈都可以充分利用。在和孩子讨论语文作业的时候，在听孩子背课文的时候，父母不妨顺便对孩子进行生命教育方面的引导。

中学语文教师陈军为我们介绍了很多隐藏在语文教材中的生命教育资源，像《敬畏生命》、《热爱生命》、《紫藤萝瀑布》、《提醒幸福》、《假如生活欺骗了你》、《生命生命》、《我的地坛》、《我为何而生》、《我的呼吁》、《人生的境界》、《人是什么》、《庄子：在我们无路可走的时候》等课文，都体现了作者对生命的热爱和敬畏；《音乐巨人贝多芬》、《假如给我三天光明》、《邓稼先》、《我的信念》、《我的老师》等人物传记，既有传奇色彩，又能看出主人公对生命的追求和热爱。此外，陈老师还介绍了另外一些文章①：

"那些大量表现亲情、友情的课文，有助于对学生进行生命教育。如《我儿子一家》《金盒子》《散步》《背影》《小橘灯》《爸爸的花儿落了》《纸船——寄母亲》《我家有女初长成》《陈情表》《祭十二郎文》《与妻书》《项脊轩志》《在马克思墓前的讲话》等。有关人与自然、人与动植物和谐相处的文章。《珍珠鸟》《猫》《绿》《斑羚飞渡》《华南虎》《飞翔的鹰》《鹤群翔空》《小石潭记》《石钟山记》《长江三日》《雨中登泰山》《大自然警号长鸣》……"

语文教材或其他阅读材料都为孩子们提供了丰富的感受生命意义的内容，父母或教师可以多注意引导孩子正确解读文本，解读生命、领悟生命的意义，树立正确的生命观。

---

①陈军. 语文教学应积极渗透生命教育［J］. 科学之友（B版）. 2009（7）

另外，媒体上的一些报道也可以充分运用，如一些关于健康的报道，可以经常给孩子讲讲，或者和孩子一起讨论。父母还可以多调动孩子的积极性，让孩子收集一些与生命、健康、自我保护等有关的图片、文字材料、简报等，让孩子在"工作中"感受生命的意义。随着网络的发展，博客、微博上也会有很多或感人或痛心的事情发生，这些都是父母与孩子交流的好材料。例如，顽强与疾病抗争的复旦女博士于娟，在患了乳腺癌之后，在她的博客里写下了很多反思文字，对自己不良的生活习惯，焦虑的生活心态等都做出了检讨。父母可以利用这些文字，和孩子讨论生命的意义。只要父母有心，生活中处处都是教材。

父母还要多创造机会，让孩子感受到，他的生命不仅仅属于他自己，同时也属于父母和其他许多关爱他的人。比如说，让孩子明白，自己的生命是由父精母血构成，只有在社会中才能存在和发展；他们的成长是许多人付出了心血的：首先是爸爸妈妈、爷爷奶奶，其次是兄弟姐妹、亲戚朋友，还有那么多给予他教诲和帮助的老师和同学、乃至国家和社会等。所以，个人的生死绝非个人的事，也是家庭的、社会的和大众的事。

3. 专为儿童开设的死亡博物馆

让孩子了解生命的伟大，同时也要了解生命的脆弱。生命教育的一部分就是死亡教育，因此要让孩子了解什么是死亡，克服对死亡的恐惧，面对亲友的死亡要接纳并适当地表达哀思。在西方，很多国家早就开展了死亡教育，目的正是为了让人们更加热爱生命。

美国在 1960 年就开始在大中小学根据不同的年龄开设了多种死亡教育课程。1963 年首次在明尼苏达大学开设死亡教育课程，到 1973 年大约有 600 所大学提供了死亡教育课程，1976 年有 1500 所中小学开设了死亡教育课程。美国在波士顿还为儿童开设了"死亡博物馆"。当儿童一走进这座博物馆，就听见阵阵挽歌（有来自不同文化背景的挽歌），气氛凝重。他们看到了青蛙的死亡、看到了一只老鼠瞬间被无数蛆虫吃掉的电视画面。

这里还展示着各种祭奠仪式，使儿童感受到死与生的某些差异，体验到死亡过程引发的情感。

在英国，年仅11岁的在学儿童就已经开设了与死亡有关的课程。对学生进行死亡教育时，他们邀请殡葬行业的从业人员和医生护士走进课堂，和学生共同讨论人死时会面临什么情况，并且通过角色替换的方式，让学生轮流来模拟一旦遇到亲人因车祸身亡等情形时的应对方式。

和西方国家相比，中国比较忌讳谈论死亡，但是生命对人来说，无论是对东方人还是西方人都一样重要，因此我们国家也要从不同方面开始进行"生命教育"。

对孩子进行死亡教育时，可采用下面的方法，父母们可以根据孩子的年龄特点和生活环境，选择适当的方法进行教育：

随机教育法：充分借助生活中发生的各种事件进行教育，随机进行；

亲身体验法：通过直接参观有关死亡的场所及其展览，比如参观生命博物馆或死亡博物馆，到殡仪馆参加葬礼等；

讨论座谈法：通过观看有关的影视片和欣赏音乐绘画舞蹈等艺术作品来加深思考；

阅读指导法：通过阅读有关的书籍、网上新闻和故事等进行讨论；

模拟想象法：通过角色扮演，加深感悟和体验。

父母要传递正能量

心理学认为，习惯的养成是一个人在遗传基础上与环境互动的结果，特别是与社会环境相互作用的产物。习惯的养成是社会要求和个体需求在冲突与协调过程中，不断相互作用的结果。因此，我们不可忽视习惯养成过程中的环境因素。

环境因素是指那些社会的、文化的、气候的和地理的影响，其中，社会因素和文化因素对个体生理和心理发展具有显著的甚至是决定性的影响，可以笼统地称之为社会环境。社会环境又可分为宏观社会和微观社会，前者主要指社会文化，后者则主要指家庭、学校、同伴群体、大众传媒工具等，也就是个体的生活环境。

家庭是儿童生活的第一环境，因此家庭环境对孩子习惯的养成具有特殊意义。一方面，家庭对孩子习惯的形成具有广泛性的影响，各种不同的生活习惯，大多都可以在家庭中呈现，父母的一举一动，日常生活中的点点滴滴，都浸染着习惯的痕迹。另一方面，家庭对孩子习惯的形成具有重复性。家庭是少年儿童最早接触的社会环境，也是生活时间最长的场所，父母和其他家人是他们直接交往和接触最频繁的人。日复一日的家庭生活，犹如拓印石刻，一拍拍，一刀刀，使各种习惯铭刻在儿童心中，渗透在他们的行为中。

所以，当家长们希望孩子做一个热爱生命珍惜自己的人，父母首先要在家庭中用积极的生活态度影响孩子，要不断地给孩子传递正能量。

1. 胖妈妈的远足教子法

热爱生命，不是嘴上说说的事情，父母要身体力行去做，让孩子真正感受到父母、长辈对生命的热爱。一位母亲为了让孩子爱运动，虽然自己很胖，体质又不好，却坚持每天和孩子一起运动，在运动中不仅身体力行为孩子做出了榜样，而且还在运动中增进了亲子关系，所以她把这种方法称为"远足教子法"。她的女儿体质差，不爱运动，经常感冒发烧，一年里要去好几次医院，还因为肺炎住院。渐渐地，这位妈妈发现女儿长成了一个胆小、娇气的女孩，而且特别不自信。为了改变这种状态，她开始带着女儿运动。虽然自己带着病躯很不情愿走那么远的路，但是为了给孩子作出榜样，妈妈带头吃苦，甚至在一次远足中整整走了7个小时。妈妈的行为对女儿是非常好的激励，看到妈妈一直坚持，女儿的运动韧劲儿越来越强。

为了提高孩子的运动兴趣，这位妈妈还根据女儿的年龄特点，设计了很多远足路线，这些路线既有趣，又循序渐进。例如，女儿一年级时，体力还不够，妈妈就带着孩子远足 2 ~ 3 公里，而且以动物园作为目标。这样，孩子为了去动物园玩，就很高兴地跟着妈妈远足。二年级时，她们又把北海和天安门作为远足目标；四年级时，孩子大些了，体质也转好，妈妈把大兴姥姥家作为远足目标……不仅如此，聪明的妈妈还会和女儿创造很多有趣的行走方法，让远足路程不那么枯燥。例如，娘俩有时倒着走一小段路，有时候改为侧跑，有时又顺着台阶跳上跳下，还有时围着大树转圈跑，有时走在狭窄的长条马路牙子上……在各种有趣的远足中，女儿长大了，身体变棒了，性格开朗了，而且还锻炼了韧性、坚持、不怕困难等良好品质。

孩子的榜样当然可以从许多方面选取，但父母的言传身教是最好的榜样。这位母亲虽然身体并不特别好，但依然身体力行地为孩子做榜样，这是热爱生命这一习惯培养的重要方法。在习惯养成初期，让孩子能够看到父母对大自然的爱，对健康生命的渴望，看到父母爱运动，有健康的生活方式，这些都是在给孩子一个榜样，也是在营造一种热爱生命、热爱生活的家庭环境。有研究表明，如果孩子生活在爱运动的家庭中，孩子也往往是爱运动的，而如果父母不爱运动，孩子运动习惯也难以养成。

所以，父母在家庭中要保持积极向上的生活态度，营造好的家庭氛围，让孩子处处感受到父母等长辈对生命的热爱，这样孩子才更有可能对生活保持一份爱心。

2. 六类孩子更容易放弃生命

情绪是可以传染的，如果父母缺乏积极向上的生活态度，整日愁眉苦脸，懒惰拖沓，唉声叹气，孩子也自认容易受到传染。根据有关研究，长期生活在以下环境中的孩子容易形成对人生产生认知上的偏颇：

- 长期生活在家庭经济困难压力下的孩子
- 长期的学习压力或学业成就低的孩子

- 父母寄予过高期望的孩子

- 父母离异、单亲家庭的孩子

- 溺爱环境中长大的孩子

- 总被父母挑毛病的孩子

长期生活在不利的环境中，使孩子在心理上处于焦虑状态，容易引发自杀行为或者对生命的自暴自弃。此外，一些即时的强烈刺激也会造成自杀者精神上的彻底崩溃。媒体上我们常常可以看到这样的案例：

案例一：南京某中学初一学生蔡某，因成绩单不理想而私自改动，被学校发现，老师找他谈话并告知父母，父母将蔡某大骂一顿。第二日凌晨蔡某找出农药甲胺磷，拌上白糖，就着萝卜条喝了下去，断送了自己的生命。

案例二：云南省某县实验中学初二年级 A 班的两位少女，因为月考比上次降了两名，感到难以面对父母询问时失望的眼神而跳入了城郊的水库……

以上事例中，老师的批评、父母的责骂直接成为孩子自杀的导火线。像这样即时性的导火线还有：

- 突然的恋爱失败

- 突然的家长会或通知父母到学校

- 老师责骂或体罚

- 考试失败

- ……

众多的即时性发生的事件，对于那些已经形成了对人生意义认知偏差的学生，瞬时定格为"活着没有意思"这一概念，从而可能导致自杀行为。

3. 正能量的心态

生活中我们常可以看到一个家庭里的人，甚至一个家族中的人都有类似的疾病史，生活状态也很相似，如果父母对生活充满热爱，以快乐的心情去迎接生活，面对挫折，孩子的精神状态也大多很好；如果父母整天愁眉苦脸，孩子往往也直不起腰，不能自信地面对他人。同样，如果成人用仇视的眼光看周围的人和事，经常在家里议论邻居、同事多么讨厌，孩子心里也会种下仇恨的种子，认为周围一切都是凶恶的。这就是家庭环境对孩子的影响。爱的习惯养成尤其要重视家庭环境，因为这个习惯本身就是和情感高度相关的。

因此，父母要特别注意自己的心态以及对和谐宽松家庭环境的营造，让孩子处处感受到父母对生活的豁达态度。这样，在遇到各类问题时，孩子也会用宽广的心胸对待挫折。

来自父母的正能量包含很多方面，不仅包括积极的生活方式，还包括健康的心理。平静对待挫折、阳光的心态、得意淡然失意泰然，善良对待他人，对那些曾经伤害自己的人宽容，等等，这一切都是积极向上的生活态度。在这方面不需要去特别安排，只要父母时刻在意自己的心态，用乐观的态度对待生活，孩子自然会受到影响。

激发孩子悦纳生命

任何习惯都离不开长期坚持不懈的行动。这是因为习惯养成是一个实践的过程，只有通过个体不断地去实践，去参与体验，才能养成良好习惯。叶圣陶先生说，"能游泳必须下水"，"比方游泳，先看看游泳的书，什么蛙式、自由式，都知道了。可是光看书不下水不行，得下水。初下水的时候很勉强，一次勉强，两次勉强，勉强浮起来了，一个不当心又沉了下去，要等勉强阶段过去了，不用再想手该怎么样，脚该怎么样，自然而然就能浮在水面上了，能向前游了，这才叫养成了游泳的习惯"。叶圣陶先生对良好习惯的养成做了精要的概括，这说明习惯养成的核心在于反复尝试、历练和实践。他还说，习惯是运用和实践的果实，不是想象中的花朵。

父母在培养良好习惯时，核心的任务是要让孩子反复实践，持续训练。以培养孩子的自理习惯为例，习惯的养成过程就是创设各种情境，让孩子们不断地去做他们力所能及的事情。例如，让他们在家里整理自己的玩具、书本、房间；让他们独立完成作业；承担一些家务劳动；鼓励孩子自己处理遇到的问题，学会与他人交流、商量、道歉、原谅等。

习惯养成既然是一个实践的过程，也是一个动态的过程。动态过程主要包括两方面的含义：一是具体习惯的养成是在不断强化训练，经过多次反复才形成的；二是就一个人而言，习惯养成是伴随人一生的动态过程。人的发展是持续的不间断的过程，终身学习已经成为被人们认可的思想，因此习惯养成自然也是一个伴随人们终身的动态过程。

只有通过多次反复的练习，持续不断的强化，习惯才能养成。培养孩子热爱生命的良好习惯，也要依赖于长期训练强化才能形成。孩子的生命状态是不断变化的，父母要帮助孩子认识自己的变化，悦纳自己的变化，这样孩子才会对自己、对生命更接纳。那些轻易放弃生命的人，最核心的问题是没有真正接纳自己，看不到自身的价值。所以，父母的首要任务是不断地激发孩子悦纳自己。

1. 和孩子一起建一个成长纪念册

在孩子小时候，就可以建立一个这样的小册子，要发挥孩子的智慧和积极性把纪念册做得美观一些。把孩子从出生开始的一些资料积累下来，如小脚印、手印，孩子的婴儿照片，身高变化，成长中的趣闻逸事等，都可以记录在这个成长册中。可以将成长册经常拿出来翻看一下，定期增加新的内容，孩子会从中感受到自己的成长，也会感受到父母的爱和亲情。建这个成长纪念册要特别发挥孩子的主动性，不要是成年人自己建立的一份资料集，如果那样孩子往往对此没有兴趣阅读翻看。可以让孩子在上面写些话，画些图画，孩子对他自己建立的小世界一定会兴趣盎然的。之所以要"定期"，是因为这样做其实就是在强化孩子对自我的认识，强化他们对生命的悦纳。如果束之高阁，纪念册成了"故纸堆"，也就失去了强化的意义。

2. 和孩子一起开特长展示会

父母可以不定期地和孩子在家庭中展示自己的特长，让孩子对自己有信心，并认识到每个人都有自己的独特之处。这种展示不是比赛，可以各自拿出自己最近掌握的特长，或者展示自己新学会的一首歌，一件手工作品，一道菜，只要是自己最近的收获，都可以展示。之所以说是"最近的特长"、"最近的收获"，就是要在生活中不断地发展这样的"特长"和"收获"，不同时间里有不同的展示内容。这样，在孩子的不同生命阶段中，他总会找到自己的独特之处及值得欣赏的地方。在不断的强化中，孩子提升了信心以及对生命的热爱之情，并用积极的心态来对待生活。

3. 和孩子一起进行有趣的小游戏

热爱生命的人，首先是自信的人，能看到自己的长处与优点，也能发现他人和世界的独特与丰富。这样的人，总是用欣喜的目光迎接每一天，用坚韧的心情面对遇到的困难。父母可以在家庭中借助一些小活动，帮助孩子们认识生命的独特性。父母们不妨参考一下：

"看谁找得多"

带孩子去采集树叶，最好采集同一类树木上的叶子，让孩子努力去发现完全一模一样的两片树叶。把选取的两片看似相同的树叶放到一起，观察这两片树叶有哪些不同的地方，并找出来。如，树叶的形状、长短、宽窄、厚薄以及色彩的浓淡、边缘的锯齿形状、中间的脉络走向等方面，都可以寻找到不同点。如果分不出差别，还可以借助投影仪、放大镜等设备帮助。通过这个活动，孩子会认识到，世界上没有两片完全相同的树叶，每一片树叶都是独一无二的。树木如此，人类更是如此。父母也可以让孩子去发现人与人之间的各种不同，比如一对孪生子的不同，两个小伙伴的不同，尤其是他们在性格、品质、做事等方面的不同。通过这个活动，使孩子认识到生命的独特性，每个人都有自己的精彩。

"看谁说得多"

爸爸妈妈和孩子都利用课余时间查找资料，寻找人类与动植物、微生物相比有哪些独特的本领。然后在家里讨论一下，可以互相竞答，看谁能发现人类更多的本领。从金字塔、万里长城、蒸汽机、计算机到航天飞机……这些人类智慧的结晶无不体现出人类伟大的创造力。在这个地球上还有哪一种生命能如此地改变自己的命运呢？通过这样的活动，让孩子们了解到人类生命的伟大，对生命产生敬畏感和自豪感。

"亮出你的精彩来"

人类有超越动植物的独特之处，那么作为个体的生命，是不是每个人都有自己的独特之处呢？父母可以利用小小的名片，让孩子给自己制作一张个性化名片，要求能够充分展示个人的能力和风采、特点，例如，在名片上要有个人亲笔签名、指纹印、血型、爱好、座右铭、照片、我的理想等，从各种不同的项目来展示每个人的独特之处，增强孩子对生命的情感。父母也可以参与制作自己的名片，改变过去名片毫无生机的状况，或者聘请孩子帮助父母制作个性化名片。

"天生我材必有用"

很多孩子喜欢明星、偶像，总是觉得人家的人生无比精彩，而自己一无是处。父母要多加以引导，而不是用堵截的方式禁止孩子追星。例如，父母可以鼓励孩子去了解自己喜欢的明星的成功经历，经常和孩子进行讨论，如果姚明不打篮球改为踢足球会怎样？如果邓亚萍不打乒乓球改为玩排球会怎样？如果谢军不下国际象棋改为跳芭蕾舞又会怎样？如果魏晨不唱歌改为跑步会怎样？在讨论之后可以引导孩子们思考一下自己的成才之路和特长爱好，让孩子们认识到只有扬长避短，发挥优势，才能真正在生活中找到适合的路。

父母还可以发挥智慧，创造出更加丰富多彩的活动。无论什么活动，都只有一个目的，就是不断地激发出孩子对生命的思考，对自我的悦纳，让孩子感受每个生命不同的精彩。因此，在培养这一习惯时，要特别注意在孩子不同的成长阶段里，父母都要做有心人，要多设计各种有趣、好玩儿的活动，不间断地激发孩子对生命的热爱。

4. 帮助孩子丰富生命的意义

一些孩子生出自杀的想法，往往是因为他们认为"活着没意思"。产生这种想法的根本原因是把生命的价值看得太窄，要么把学习当作人生的全部，要么把自己的一个小目标（如买到名牌服装、见到心目中的偶像、钢琴通过9级、身材好、美貌等）当成了生活的唯一追求。当这些小目标不能实现的时候，他们就真的"一叶障目，不见森林"了，看不到生活的精彩和生命的珍贵，只想一死了之。

所以，父母要帮助孩子悦纳自己，其实就是帮助孩子丰富生命的意义。孩子在成长过程中总会有这样那样的目标，父母可以帮助他认识自己的目标，用平常心来对待各种目标。同时，父母自己也要改变"唯有读书高"的单一人生取向，尊重和引导孩子的兴趣发展，与孩子平等地对话和交流。让孩子们除了读书学习外，其他兴趣也能得到发展，这样他才会在丰富多彩的生活中不断探索。此外，父母还要让孩子在感受人生正面（如健康、快乐、成功、幸福等）意义和价值的同时，也有机会感受和体验到人生负面（包括痛苦、挫折、寂寞、疾病、苦难等）的意义和价值。这些，都是不断强化生命价值的重要方面。

标准要看得见摸得着

有这样一个笑话：

一年级班主任张老师为了培养小学生的好习惯，从进校门那天开始就告诉学生们要懂礼貌。为了激励学生们养成好习惯，老师还使用了定期奖励和评价的办法，谁使用了文明用语就给他贴一个小红花，10个小红花就可以到老师那里换一件小礼物。结果，有一天，张老师正蹲在厕所里解手，一个女同学看见老师，马上对老师说"老师好"，把张老师弄了个大红脸。这还不说，女同学回班级以后，对同学们说她刚刚在厕所里看见张老师了，还给老师问好。一些女同学认为这是获得小红花的机会，纷纷跑到厕所去给张老师问好。一时间，弄得张老师不知道该怎样回答。

这个笑话背后的教训是什么呢？张老师要培养孩子文明礼貌好习惯的心情是迫切的，但是在对学生做要求和指导的时候，讲解不够具体。她没有讲清楚在不同情形下该怎样使用这些礼貌语言，只告诉学生使用礼貌语言会获得小红花，小红花可以换小礼物。培养孩子热爱生命的习惯也是如此，只有要求具体，孩子做起来才有目标，也知道该怎么做，或者不同的场合时间该做什么。尤其是面对年龄小的孩子，父母更要形象、直观、具体地提出孩子应该做的事情，要让您的要求看得见、摸得着。相反，如果父母对孩子没有具体要求和具体操作步骤，父母提出的要求就仅仅是条文、概念。

年龄小的孩子，对"生命"这个词语的内涵难以深刻了解，更不懂得生命对一个人到底有多珍贵。热爱生命更是一个比较抽象的概念，因此对孩子提出的要求要从小步子开始，这就是"具体"。如，每天对自己笑一笑，每天运动1小时，上下楼梯注意安全，每天好好吃饭等。

1. 生命教育要考虑年龄特点

珍爱生命，说起来容易，但做起来却往往被忽视。这是因为生命是与生俱来的，它似乎没有或不需要人们经过努力就可以获得，所以很多人在身体健康、生命力旺盛的时候并不感觉生命特别珍贵。培养孩子这一习惯，要给孩子具体的要求，并与孩子的身心发展特点及年龄特点结合起来。

习惯养成要结合孩子的年龄特点和身心发展，在明确要求时也要根据孩子的心理发展阶段来进行。例如，根据儿童心理学研究，儿童左右观念的形成和发展要经过 3 个阶段：第一阶段，5 ~ 7 岁，儿童以自己为中心辨别左右，因此他们能够分清自己的左右手。直到 7 岁左右，他们才可以分清站在他们对面的人的左右手。第二阶段，7 ~ 9 岁。儿童能对直观、形象的事物分清左右空间关系，形成直观表象，并能初步掌握左右方向的相对抽象性，但对非直观、抽象的空间关系还比较模糊。第三阶段，9 ~ 12 岁，儿童能够形成左右方位的抽象概念，能根据表象、记忆建立其空间关系。

从上面的发展规律来看，儿童从小到大，对空间和距离的知觉是逐渐完善起来的。例如，对小学低年级的孩子来说，要他们理解圆形，父母要先给孩子讲解皮球；要让他们理解长方形，父母要先讲解饭盒、电脑等，这样把实物和概念连接起来，他们才能逐渐理解。上面的例子说明，孩子的认知发展是有规律可循的。同样，孩子在其他方面的成长也具有一定的规律。这些规律决定了我们在培养习惯的时候，一定要遵循规律，而不能根据自己的主观愿望办事。

2. 给孩子的要求越具体越好

要培养孩子热爱生命的好习惯，就要给孩子提出明确的要求，而不能笼统地告诉孩子"你要爱自己啊"、"你要珍爱生命"，这些话对孩子没有多大作用。

某幼儿园对小班孩子进行"珍爱生命"的习惯培养，他们对孩子提出的要求如下：

（1）积极参加各项体育锻炼；

（2）讲究个人饮食卫生，注意健康，按时作息；

（3）学习一些自我保护方法；

（4）晚上自己睡觉不需父母陪伴；

（5）经常整理、收拾自己的玩具，每次玩完玩具之后放回原处。

从上面这几个要求来看，有的要求比较具体，有的要求就不够明确，对于幼儿来说，"积极参加各项体育锻炼"，他们可能不了解具体该怎么做，这样的要求就不如"每天跑步 10 分钟"、"做好课间操"等；"学习自我保护方法"也可以具体为"上下楼梯不要跑跳"等。要求越具体，孩子做起来越有针对性。

3. 爱自己，要用行动担当

在网上看到一条博文，名为《像这样地爱着自己》，写得非常好。笔者将爱自己诠释为一个个具体的行为。例如，呵护身体，接纳自己的好与不好，允许负面情绪存在，不被过去羁绊，等等。这些行为都是生活中的细节，需要我们用行动来担当。

爸爸妈妈可以给孩子读一读这样的美文，既净化自己的身心，对孩子的心灵也是一种修炼。在生活中引导孩子从这些细节做起，虽然年龄不同，这些细节的体现不同，但是只要把细节做好了，爱自己就不是一句空话。

两个结合促进习惯养成

也许家长们要问：我们虽然在生活中处处注意培养孩子珍爱生命的好习惯，可是怎样才能更好地了解孩子是否养成了这样的习惯呢？习惯养成有着自身的规律，对习惯养成的效果进行评估也需要符合科学的规律。

习惯虽然是行为层面的，但在对习惯养成效果进行评估时，却要从知、情、意、行 4 个方面来进行考察。这是因为一个良好行为习惯形成的基本模式，主要由知、情、意、行几个方面构成。从整体性这个原则来思考儿童良好行为习惯的形成，首先要考虑的是人的心理过程的知、情、意、行的整体性，知可以看作一种认识，情是情感，意是意志，行是行为。

知、情、意、行反映在道德的构成成分上分别是：

（1）道德认识（也可称为道德观念）。道德认识是指对道德行为准则及其执行意义的认识，其中包括道德的概念、命题、规则等；

（2）道德情感。道德情感是人的道德需要是否得到满足而引起的一种内在体验。它伴随着道德观念并渗透到道德行为中；

（3）道德意志。道德意志实际上是道德认识的能动作用，是人利用自己的意识，通过理智的权衡作用去解决道德生活中的内心矛盾，是支配行为的力量。道德意志如果离开了道德行为，就无从表现；

（4）道德行为。道德行为是实现道德动机的行为意向及外部表现。道德行为是衡量品德的重要标志。看一个学生的品德，主要不是看他认识到什么，而是看他是否言行一致。习惯是指道德行为这一部分，但从整体性原则来看，良好行为习惯的建立是依赖于儿童道德认识、道德情感和道德意志成分的。

所以，在评估习惯养成效果时，也要重点从这四个方面入手。由于儿童年龄特点决定，很多道德理念他们不能理解，因此四个方面中"行"是主要的评估依据，但另外三个方面也不可忽视。在后面的每一课中，我们都会从知、情、意、行四个方面提供评估标准，供读者们参考。

知：了解生命的独特价值，懂得每个生命都是与众不同的；

认识到生命的可贵性，珍惜生命；

知道人与动物具有本质区别，人要学会规划人生；

了解科学的生活方式；

知道经常使用的一些急救电话等。

情：具有热爱生命、自尊自信、乐观向上的品质；

乐观豁达地对待身边的人和事；

能够对生命、生活中的一些问题做出正确的价值判断；

欣喜对待自己成长中的每一点变化；

意：对生命充满了敬畏和渴望；

能够意志坚强地面对生活中的困境、挫折或不幸；

　　　　　用健康正确的心态对待成长中的荣誉和成绩；

　　　　　挫折来临时能够鼓足勇气坦然面对；

　　　　　依靠自己的力量或他人的帮助战胜困难；

　　　行：呵护一切有生命的物体；

　　　　　学会一些与爱护生命有关的技能；

　　　　　学会自我保护的方法；

　　　　　学会科学锻炼的技巧、急救措施、自我心理疏导手段等；

　　我们列举出来的内容，说起来简单，但每一条都包含着更复杂、更精细的内容。同时，我们列举的内容也只是从知、情、意、行几个方面给读者们举例说明，很有可能挂一漏万，大家完全可以根据自家孩子的情况，从知、情、意、行 4 个方面为孩子确立习惯养成评估指标。

　　另外，家庭中在培养珍爱生命这一习惯时，要特别注意以下培养原则。

1. 把情感和体验紧密结合

　　珍爱生命是个说起来容易、但感受起来比较难的道理，因此，父母在培养孩子这个习惯时，要多带孩子体验。无论是到大自然中体验，或是在音像资料中体验，还是通过讨论实验等方法体验，都要注意在体验过程中不断地提升孩子对生命的情感，引导他们形成乐观、阳光、积极的心态和情绪，使他们能够在各种活动中真正感受到生命的伟大。例如，前面介绍的学生做个性化名片活动，如果在活动中不注意进行情感提升，这个活动感受到的就不是生命的独特之处，而把活动变成了手工制作。

　　反之，和孩子谈论生命，也要多体验，不能只是口头上振振有词地说生命多么宝贵，那样只能变成孩子的"耳边风"，他甚至还会觉得父母太啰唆。例如，一所学校在向初中生进行珍爱生命的教育时，请学生们找一些与青春有关的诗歌进行朗诵。很多诗歌很美，但如果仅仅是朗诵，就把这个情感体验的过程变成了诗朗诵，很多孩子会更重视朗诵的技巧，而不是去体验诗歌颂扬的生命之美、青春之美。所以，情感和体验要紧密结合，这样才能加深孩子对生命意义的理解，将对生命的热爱之情深深地植根于心灵深处。

2. 把知识和技能紧密结合

这一原则的根本目的是将知识目标与技能目标结合起来，孩子们光了解与生命相关的知识，却缺乏相关技能，是难以真正做到热爱生命的。例如，有的孩子自我保护的书籍读了一本又一本，但真遇到地震、火灾，或者在山上走失的情况，往往手足无措，不会恰当而科学地保护自己。有的孩子虽然看过一些心理学书籍，但生活中真的遇到心理问题，自己不能合理地解释遇到的困难和烦恼，甚至想一死了之。也有的孩子谈论起生命的意义口若悬河，但遇到挫折和困惑的时候，却灰心丧气，甚至想放弃生命。这些都不是真爱的表现，对自己的生命都谈不上负责任。

当有人笑话电影演员周迅说话结巴时，她却说："我结巴是很多人都知道的，全国人民都知道，但我很骄傲，因为我不断地克服这个缺点，我做演员和歌手，都是为了克服这个缺点。"周迅是自信的，她能够坦然面对自己的缺点，也是对生命不同特点的豁然。

因此，在习惯养成阶段，要加强训练和强化，让孩子不断感受到生命的意义，不断发现自己的独特之处，接纳自己的特点，让孩子对生命的理解更深厚一些，从知识到技能都有所提高。这样，孩子的习惯会在天长日久中渐渐养成。

美国畅销书作家、两性关系专家芭芭拉·安吉丽思说："无论你遭遇的困难是什么，解决的办法都是爱。解决每一种问题的真正方法，都是来自于爱——更多的爱，而不是更少的爱；更大的热情，而不是更小的热情；更多的接纳，而不是更少的接纳。无论经历何种困境，我们都要爱自己；无论别人怎么挑战我们，我们都要爱他们；无论我们多想抗拒眼前的困境，我们都要爱它们。爱是走向满足的秘密途径……唯有带着爱心，才能得到真正的胜利。唯有去爱，才能成为我们希望变成的模样。爱是唯一的解决办法，它与生命的最高目的产生共鸣。因为这个缘故，它永远是正确的选择[①]。"

让孩子学会爱吧，尤其是独生子女们，父母更要在给予孩子爱的同时让他们学会爱。因为爱可以让孩子成为理想的自己，可以让孩子最终战胜困难和解决困难。爱让孩子每一天都过得快乐，每一天都充满幸福感。

---

① 芭芭拉·安吉丽思. 爱是一切的答案. 北京：华文出版社，2011

第二章

爱父母是做人的基础

尖刀刺向母亲的留学生

2011年4月1日，上海浦东机场发生了一件令人震惊的事情。一个小伙子从行李中掏出一把尖刀，刺向身边的妇女，妇女当场昏迷。周围人都很惊诧，不知这个小伙子与这位妇女有何仇恨。等大家弄明白原委后就更惊诧了，原来这位小伙子将尖刀刺向的是他的亲生母亲，母亲专程来到浦东机场接他，他却因为在日本留学期间的学费问题与妈妈争吵起来。随后，情绪难以平静的儿子从托运行李中拔出一把尖刀，向妈妈连刺了9刀，使妈妈当场倒地昏迷。

据了解，小伙子姓汪，1987年出生，2006年去日本留学，所有学费都由妈妈来支付。妈妈每年给他20多万元生活费。刚开始几年妈妈还能承担，后来渐渐感到力不从心，甚至要向亲戚朋友借钱给儿子读书。

到 2011 年 3 月底，儿子又打电话来要生活费，妈妈拒绝了儿子。儿子生气地说要回上海找妈妈"说清楚"。结果，在机场时母子两个人就发生了冲突，儿子拿出防身用的一把尖刀，对着妈妈的头部、手臂、腹部、背部等一阵乱砍乱刺，使妈妈身上多处裂创，胃、脾破裂、左肝静脉破裂、腹腔积血、右手肌腱断裂等。经法医鉴定，妈妈的伤势已经构成重伤。最终，这位机场刺母的留学生被判处 3 年零 6 个月有期徒刑。

父母辛辛苦苦把孩子养大，绝不是希望孩子成长为这样没良心的人。但是，生活中这样的悲剧并不少见。几年前，一位乡村老父亲给大学生儿子写的信曾经非常轰动，这位父亲写道[①]：

尽管你伤透了我的心，但你终究是我的儿子，虽然，自从你考上大学，成为我们家几代里出的唯一一个大学生之后，心里已分不清咱俩谁是谁的儿子了。

记得你刚考上大学时，我去学校送你。下了火车后，我扛着笨重的行李走在前，你跟在后。本来就因为坐了一夜的火车，再加之上了点年纪，刚到学校门口，就被大门前一根铁条绊倒了。我重重地摔倒在地上，行李扔出了老远，一只鞋也甩掉了。你向四周看了看，像怕什么似地拉住我的胳膊猛地用力拽了一下说："干什么啊，丢不丢人！"尽管我的双腿摔得很痛，但还是得很快爬起来，捡起鞋穿上继续去背行李。把你安顿好后，我忙着又是挂蚊帐，又是买日用品，这一切似乎在你眼里都是天经地义的。你甚至感觉你这个不争气的老爸给你这位争气的大学生儿子服务，是一种特沾光、特荣耀的事。

第一学期你一共来了 3 次电话，每次都是要钱。我和你妈种着 3 亩地，抽空我就到村里的砖厂去做苦工。开始人家说我老，不肯收，我几乎给人家跪下了，人家可怜我才让干的。你妹妹 16 岁了，初中毕业后上不起学才给人家当了保姆，挣上的钱交给我后，我一分舍不得用全寄给了你。甚

---

① 农民父亲：儿啊，你在大学里怎么没学到良心？http://news.xinhuanet.com/edu/2005-07/25/content_3264708_2.htm, 2005

至有一段时间你妈的眼红肿得厉害，疼得一个劲流泪，都舍不得花钱买一瓶眼药水啊！

为了能多挣点钱，你妈又在村子里找了一份看孩子的差事。给人家抱一天孩子只挣5元钱，没日没夜的。去年冬天，你电话打得特别勤，每次都是要钱。我寄了4次有6000多元，我不知道现在上学就得这么多钱。后来才听村里去打工的一个小伙子回来说，他见到你了，正谈着恋爱，很潇洒。说真的，我和老伴听了后不知是该生气还是该高兴。然而最可气的是今年过年你回来时，居然偷改了学校的收费通知，虚报学费，这之前我只是在报上看到过这事，没想到会发生在我身上。如今好几个月过去了，我一想起这事就心痛，整夜的睡不着觉。我不明白我们亲手抚养大的儿子好不容易考上大学，为什么会变成这样。不知在大学里，你除了增加文化知识和社会阅历之后，还能否长一丁点善良的心？"

无论是留日学生将尖刀刺向母亲，还是老父亲的这封充满辛酸泪的信，都让我们读出的是痛心、谴责、疑惑、无奈。看了这些或许父母们会觉得心痛。在很多人看来，父母把孩子送上大学之后，就是大功告成。谁会想到，儿子上大学了，妈妈要被儿子乱刀砍成重伤，父亲要忍气吞声为儿子赚生活费。

也许很多父母会问，为什么孩子会这么"没良心"呢？孩子没良心，其实就是对父母的恩情无动于衷，不懂得报答父母的爱。我想，父母们都不会希望孩子长大以后成为这样的"冷血动物"。一个不懂得感恩的人，首先无法报答父母的辛苦养育之恩。也许有的父母会说：父母的爱是无私的，我抚养孩子长大，并不要求他将来感激我。然而，一个不懂得感恩的人，不仅不能做一个孝敬父母长辈的孩子，他也难以幸福地生活，更难以与他人很好合作。

一个不懂得感恩的人，首先不能做一个快乐的人。不懂得感恩的人，对生活的要求总是不容易获得满足感，无论他人为自己做了什么事，在他的眼里都是应该的。这样的人，往往是以自我为中心的，其他人所做的事情在他的眼里都是理所当然的。这样的人会快乐吗？别人对他好，他觉得是应该的、平常的，因此不会快乐；别人对他不好，他更会不满足，甚至愤怒，认为全世界对自己都不公平。不懂得感恩的人内心期待总是远远大于现实，因此他难以获得快乐。相反，一个懂得感恩的人，经常可以体会到生活的馈赠：一粥一饭当思来之不易，也许饭菜不可口，也许父母不出众，但他们都会感谢这是生活独特的赐予。下雪了，他们会感谢上苍赐予的晶莹世界；下雨了，他们会感谢上苍赐予的清新滋润；出太阳了，他们会感谢阳光普照……这样的人，生活是多么快乐啊，只要他活着，他就一定可以感受到生活中的美。父母养育子女，最核心的目标是希望孩子快乐幸福吧？那么，就让孩子学会感恩吧，从对长辈的爱心怀感激开始，养成懂得感恩的好习惯。

一个不懂得感恩的人，也难以成为一个成功的人。孩子长大以后总是要走入社会的，他不可能永远生活在父母的羽翼下。走入社会是必须与人打交道的，特别是现代社会是一个合作的社会，没有谁能够包打天下。如果一个人在社会上老是以自我为中心，老子天下第一，你们都得听我的，你们为我服务都是应该的，那么，他最终如何与人相处，又如何在社会上立足？泰安市人民检察院检察长公丕汉是侦破大案的功臣，他不仅是一个嫉恶如仇的山东硬汉，而且还是一个非常有名的大孝子。多年来，他始终坚持一条偏激的土政策：不孝顺父母的人一律不得重用！他几乎"顽固"地坚持不与那些不孝敬父母的人交朋友！父母养育子女，当然希望孩子将来成为一个成功的人。那么，就让孩子学会感恩吧，从对长辈的爱心怀感激开始，养成知恩图报的好习惯。

知恩图报是中华民族的传统美德。如儒家经典《礼记》中说："立爱自亲始"，就是说培养仁爱之心要从孝敬长辈开始。正像苏霍姆林斯基所说的那样，如果一个人连他的父母都不爱，那是很难叫他再去爱他人、爱祖国的。所以，对孩子来说要先从小事做起，从他们最熟悉的生活做起。而父母长辈对他们的爱是他们经常感悟到的，所以，从小养成"感谢长辈的爱"这样的好习惯，是比较容易着手进行的。

让孩子看得见、听得到您的爱

良好行为的形成需要经过认识、强化、内化、外化等环节。孩子对行为习惯的认识过程，就是对一些行为进行分辨、识别、理解的过程，是对行为习惯的正确的、能动的反映。一位来自张家口的 67 岁的赵老先生，在北京某大学门口拉小提琴，为在内蒙古读书的女儿筹集学费。老爸在街头卖艺三年，可 21 岁的女儿竟然毫不知情。父母这样的爱，孩子怎么会心怀感激呢？所以，爱要让孩子知道，孩子只有感受到了父母的爱，他们才能理解父母为自己的付出，也才能激发起他们的爱心，引起他们发自内心的对父母的感激之情，从而尊重父母、关爱父母。

1. 孩子为何"没心没肺"？

"冰冻三尺，非一日之寒"，如果父母反思自己的家庭教育，会发现孩子"没心没肺"和他们所受的教育有着密切关系。正如那位留日学生的妈妈，在自己被儿子刺伤后的庭审时，声泪俱下地一再为儿子求情，多次哭着说是自己"不称职"，亲戚朋友也改口说这位孩子一直很懂事很听话……正是在这样的溺爱和纵容下，使孩子丧失了对父母的感恩之心。

很多家长都认为爱孩子是父母的天性，因此常常默默地为孩子无私奉献着。父母爱孩子藏在心里，为孩子做的一切都藏在心里，自己的辛苦和委屈也藏在心里。这样做的结果，常常使孩子淡漠、麻木、忽视。一位记者对上海市部分中学生进行随机调查，结果显示，4 成学生从不跟父母说感激的话，"因为他们是我的父母，我是他们的心肝宝贝，他们自然应该对我好"，"别人的爸妈也对自己的孩子很好啊，我没觉得我的爸爸妈妈有什么特别的"、"我对爸爸妈妈也很好啊，我考好成绩，爸爸妈妈就对我好"。

"他们自然应该对我好"这是许多孩子从小就已经形成的概念。很多父母更关心的只是孩子的学习，即使是对孩子身体和心理的关心，其最后的落脚点，也依旧是担心"别因此影响学习"。在一些农村家庭也是如此，父母节衣缩食送孩子读书，期望孩子好好学习，将来考个好大学，而不要求他们为家庭做什么贡献。这样，孩子渐渐形成了个人主义，似乎只要好好读书，就可以为家庭添光增彩，也似乎只要好好学习，父母的一切付出就是天经地义的了。父母自己也觉得所做的一切无怨无悔。

要养成感恩的好习惯，重要的是要先让孩子感受到父母的爱。浙江萧山中学的学生们写道："有一种感情，始终包围着你，以至于让你忽视了它的伟大 / 有一种感情，永远呵护着你，以至于让你麻木了它的厚重 / 有一种感情，一直支持着你，以至于让你不觉得它的珍贵 / 也许，朋友的嘘寒问暖会让我们感动 / 也许，陌生人的迷途指路让我们感激 / 也许，师长的关切之爱会让我们感敬 / 那么，始终如一关怀着我们的父母，我们是否为之感动过、感激过、感谢过？"所以，习惯养成的第一步，是对孩子说出您的辛苦和爱心，让孩子看得到、听得到。而让孩子看得到、听得到，核心目的是要提高认识、增强情感。

2. 一封引起轰动的信

怎样才能让孩子"看到"、"听到"您的爱呢？给孩子写信是一种好方法。写信不是目的，交流才是目的，用真诚的心去交流，而不是用说教。

一位农村老父亲没有多少文化，他对孩子的教育不是用大道理，而是用生活中点点滴滴的事实。他将自己的情感凝聚在信中，对正在读中学的儿子说出了肺腑之言[①]：

每当你迎着朝霞，一日开始之时，你可知道，你的学习机会是父母用血汗一分钱一分钱凑起来的，你可想到这一天的每时每刻如何去安排、去珍惜、去奋斗。每当你坐在那宽敞宁静的教室里聆听老师讲课时，你可知

[①]李泽忠. 一位农民的家书. 中国教育报. 1993-05-07

道父母脸朝黄土背朝天，去耕种五个半人的田地和生产出成担的蔬菜、菜苗出售，除去昂贵的化肥和公粮，又剩几颗粮呢；每当你端着香喷喷的白米饭时，或者看着同学有钱买肉菜吃而你又没钱买、心中很不是滋味的时候，你可知道父母手中端的又是什么呢？为了供养你们兄妹三人读书，必须节约每一粒米，吃的是粗杂粮；每当你午饭后在树荫下闲游，或和同学嬉笑的时候，你可知道父亲挑着菜担还在满街叫卖；每当你在晚霞的余光下欢笑、歌唱，你可知道父母也许赶了远场才回家，还没吃午饭，却赶忙去扯菜秧、弄菜、弄猪草，可恶的毒蚊子叮满了你妈妈的双手和脸，却只有忍着，寒风吹裂了你父亲的双手，血印斑斑，却还要伸进冷水里去洗菜；每当你躺在床上进入梦乡，你可知道、你可梦见父母还在煤油灯下、蓄电灯下、月光下，一根一根地扯着菜秧，数着、扯着，数着、扯着，扯不尽、数不完，一直把第二天赶场的菜准备好，那床又挨身几多时呢？……

孩子，一切都是那么来之不易，一页本纸，你做了作业，可以用来打草稿，还可以练习写字才扔掉；像珍惜纸那样珍惜每天的每时每刻，让每时每刻都起到作用，不要让它白过；人生也像一张白纸，看你有怎样的能力，怎样在上面去写、去画啊！在这人生的纸上能否画出蓝图，能否有动人的文章、美好的诗篇，全靠你的努力啊！

这封信在孩子所在的中学引起了轰动，对学生们起到了很好的教育作用。这封信之所以感人，是因为它没有空洞的说教，而是用事实说话，让孩子在鲜明的生活对比中感受到父母的挚爱和艰辛。正因为有了这种感受和认知，才有对父母养育之恩的感谢。因此，父母也要学会用交心的方式表达您的爱。

3. 换位做一天父母

父母还可以通过观察和换位体验等形式，让孩子知道您的爱和辛苦。例如，北京市理工大学附小就开展了"观察父母的一天"的活动。他们要求孩子在周末观察父母一天中都为自己做些什么事情，并详细记录下来。通过记录，孩子们惊奇地发现，原来父母每天都替自己做这么多的事情，从而体会父母的辛苦。此外，他们还让孩子利用周末"做一天父母"，照顾做"孩子"的父母，为父母洗衣做饭，陪伴父母读书学习，管教不听话的"孩子"，通过体验感受父母的不易。父母在家庭中也可以用这样的方法，与孩子换位做父母，这样孩子既有成就感，也锻炼了独立能力，感受了父母的辛劳和爱心。

角色换位还可以采取多种形式，例如，让孩子照顾比他更小的表弟表妹，让他做楼道管理员等。父母也可以鼓励孩子观察身边的人，比如观察爷爷的一天，观察妈妈的双休日，观察老师的午休时间等。并对观察到的事情做记录，然后和父母讨论。让孩子在观察中了解长辈的爱心。

4. 建立家庭爱心档案

只要做个有心人，孩子就可以在家庭中发现很多爱的细节。父母不妨鼓励孩子建立一个家庭爱心档案。用家庭故事、家庭照片、家庭日记等形式记录下长辈对他的爱，或者家庭成员彼此之间相互关爱的细节。

广州铁路第一小学用"实物展"、"文学欣赏"、"演讲活动"等方式让孩子感受父母的爱。实物展就是让孩子们收集反映自己成长的照片、录像资料和各种衣帽鞋袜等幼儿用品，利用板报贴上照片，利用窗口连起细绳挂上小玩具，利用教室的课桌陈列各种纪念册，将各个小组收集的材料展示出来；文学活动就是请孩子们摘抄一些赞美长辈之爱的文章或诗歌等，在班级活动上朗诵讨论；演讲活动就是让孩子们在调查的基础上写出"夸夸我的爸爸妈妈"的演讲稿，在小组演讲活动中激情演讲。受这些做法启发，父母可让孩子准备一个本，专门记录家庭爱心日记，可以整理一个家庭爱心照片集，可以给孩子准备一个小物品箱，专门让孩子收集与成长有关的各种物品。无论怎样做，根本目的只有一个，让孩子知道父母的爱，让他们感受父母的辛劳。这是培养感恩习惯的第一步。

良好家风熏陶爱心

孝敬父母、懂得感恩的行为，与家风有着密切的关系。什么是家风呢？简单地说，就是一个家庭的风气。风气犹如空气，弥漫在家庭的每一个角落里。家风也是一种环境，它犹如肥沃的土壤，孩子犹如需要成长的小苗，在健康家风的熏陶下健康长大。家风还如绵绵细雨，滋润在家庭的每个角落，使家庭中的每个人都能够在这样的细润气氛中成长。家风包括的因素是非常广的，在社会学中，家风被称为"家庭文化"，心理学叫"心理气氛"或"精神风貌"，是指一个家庭中家庭成员共同具有的相似生活习惯、思想方法、道德准则、行为表现等的总称，是家庭成员文化修养、人格品质、相互关系等方面的具体体现。

家庭成员的形象、追求、喜好、品质、道德、家教等都是构成家风的因素，它形成家庭的思想体系和行为规范，直接影响孩子的成长。可见，对于一个家庭及这个家庭中的成员来说，家风是非常重要的，又是无处不在的。在不同的家风中长大，会形成不同的习惯，造就不同的性格。在良好的家风中熏陶，养成好习惯，这是家庭在培养少年儿童良好习惯中的一条重要经验。

1. 孩子为啥不尊敬姥姥

家风中最重要的角色是父母，父母的行为是孩子的第一榜样。有个古老的故事，说的是从前有一对中年夫妇对年迈的父母很不孝顺，他们把老人撵到一间破旧的小屋里居住，每顿饭用小木碗送一些吃剩下的冷饭冷菜给老人。一天，他们看到自己的儿子在雕刻一块木头，就问孩子刻的是什么，孩子说："刻木碗，等你们年纪大时好用。"这时，中年夫妇猛然醒悟，把父母请回正屋同自己一起居住，扔掉了那只小木碗，拿出家里最好吃的东西给老人吃。小孩因此也转变了对他们的态度，从此一家三代和睦生活。可见，父母的行为以及家风对孩子的影响至关重要，要培养好习惯，父母要给孩子好榜样和好家风。

一次，我在家庭教育热线值班，接到一位母亲的咨询电话，她非常苦恼地讲起了对女儿的教育，她说自己对女儿要求挺严格的，尤其要求女儿要孝敬姥姥，因为女儿是姥姥一手带大的。但是，女儿小时候还是个乖孩子，现在长大一些了，却越发不肯尊敬姥姥，有时还和姥姥吵架。她说：

那天我听见女儿对着姥姥大呼小叫，和姥姥争吵着，有些话让我震撼，孩子没有一丁点儿对老人的尊敬，话语里甚至夹杂着霸气和不屑。

我实在忍无可忍，把她叫过来。我问她怎么了，她说是姥姥不小心碰到了她。我说："你明明知道是不小心的，为什么还一定要跟姥姥这样闹腾？"她理直气壮地说："她碰到我了，就该跟我道歉。"

我没有再问什么，只是对她说："请你仔细回想一下，然后告诉我，姥姥平日是怎么关心你的？请你说出5点。"女儿想了又想，最后只想出2点：一，她给我夹菜；二，她每天给我做饭。别的就什么也想不起来了，倒是想起了姥姥的一大堆不好，什么说话声音大，爱唠叨，总是记不住事情，睡觉打呼噜。

无奈，我只好和孩子进行了一次长谈，很多时候我甚至含着眼泪，恨不能把姥姥爱她的点点滴滴都告诉她，让她感受到长辈的爱。可是，我发现效果并不好，虽然当时孩子忏悔得流出了眼泪，可过后还是不知道孝敬姥姥。为什么我们越教育孩子越不尊敬老人呢？

我苦恼地和爱人说起这些时，他总是说小孩子懂什么，老人就不能让着点儿孩子？整天和小孩子吵，哪像个大人样？这真让我无可奈何。

生活中也会有很多父母遇到这样的烦恼，虽然成年人对孩子进行了很多教育，但孩子却不能按照父母的要求去做。发生这样的问题，父母就要多从自己身上找找原因。一方面，或许会因为孩子还小，对父母的爱感受不深；另一方面，成年人往往给孩子的更多是口头上的教育，这些教育并没有真正触动孩子的心灵和情感。在孝敬长辈方面，做比说更管用。尤其对于小孩子，他常常难以理解大道理，而是喜欢看着父母的背影做事。

有的爸爸妈妈教育子女要孝敬父母，但自己却不孝敬老人。有的儿媳对婆婆恶语相向，有的女婿对丈母娘不理不睬，还有的夫妻自己不肯做饭，常常回父母家蹭饭吃。爷爷奶奶在教育孙辈时有所不妥，夫妻就会对老人各种挑剔……成年人的一些不孝行为孩子都看在眼里，这样的"榜样"想让孩子懂得感恩是很困难的。

2. 在孩子身边形成好的氛围

案例一：一位父亲每到发工资的日子，就带着儿子去给农村的爷爷奶奶寄钱，他请儿子帮助他填写汇款单，还让儿子在留言处给爷爷奶奶写上一句祝福的话。春节时单位里发了过年物品，总是要先带着孩子一起送到父母家。

案例二：一位母亲每个周末回婆婆家，都会给婆婆端一盆热水，让辛苦一天的婆婆烫烫脚。每逢父母生日，她也一定要和孩子一起制作礼物，而且无论多忙都要全家一起为老人庆祝生日。

案例三：一位父亲在公共汽车上遇到上了年纪的大爷大妈，总会主动让座，甚至还让孩子起来让座。路上遇到过马路的老大爷，也会主动拉上一把。

案例四：一位母亲见了小区里的大婶大娘，总是主动打招呼。在上下电梯时也总是前后招呼着，让老年人先上先下。

这些，都是父母给孩子树立的榜样。孩子生活在这样的家庭里，他自然会成为一个孝敬长辈的孩子，因为在他的生活里，没有不孝敬的榜样供他效仿。

有位母亲对此深有体会。这位母亲有个 12 岁的男孩，她说："孩子的奶奶和我们生活在一起。我们对母亲非常尊重，无论大事小事，都尊重母亲的意见，有好吃的东西也先给老人吃。我们对老人无微不至的关怀，孩子看在眼里，记在心上。在我们潜移默化的影响中，孩子知道了什么是美、什么是善；学会了有好吃的东西，总是抢着说：'奶奶您吃！'奶奶高兴得逢人便夸自己的孙子孝敬。现在每到周末，孩子常常说：'奶奶、爸爸、妈妈，今天我给大家做蛋炒饭！'看到自己给孩子带来良好的影响，我们也有了成就感。"这种成就感不仅成就了孩子，更成就了一个快乐的家庭，快乐的人生。

从上面的这些故事可以看出，父母的孝心行为是最重要的榜样，也是家风的重要组成部分，对孩子的影响远远超过语言教育。除了父母的榜样外，家庭其他成员之间的相处、爱好、品德等，也是孩子习惯形成的重要环境。这些共同构成了家风。

3. 家风造就命运不同的家族

家风的巨大影响绝不止一代。美国学者曾经对一个叫爱德华的家族进行过八代跟踪研究。老爱德华是美国的哲学家，他博学多才，勤奋好学，为人严谨，为子女树立了良好的风范。他的子孙中有 13 位当过大学校长，100多位教授，80 多位文学家，60 多位是医生，还有 1 人当过副总统，1 人当过大使，20 多人当过议员，几乎每一个人都很杰出。同时，他们还跟踪研究了珠克家族。珠克也是一位美国人，但却是远近闻名的酒鬼和赌徒，毕生玩世不恭，浑浑噩噩，无所事事。他的子孙有 300 多人当过乞丐和流浪者，400 多人酗酒致残或夭亡，60 多人犯过诈骗和盗窃罪，7 个人是杀人犯。两个家庭的家风在潜移默化中影响着后代，父传子、子传孙，子子孙孙世世代代相濡染、相延续。由此可见家风对一个人的行为习惯影响有多大！

笔者的一位朋友多年在珠海经商，特别重视孩子的习惯养成教育，她的经验就是重视家庭文化建设和环境对孩子的影响。她向我介绍说：

我们家在附近算是比较富裕的了，自己开了三个茶城，两个足疗店。我们夫妻二人都很忙，没太多时间照料孩子。但是我们特别注意家庭文化的建设，希望能给孩子一个好的家风。

家里请了一个 50 多岁的保姆，对保姆的选择我们特别在意，一定要说话温和、做事细心的。孩子写完功课，我常让保姆带他们去看演出，有时间我们夫妻二人也尽可能去看，想让孩子从小就接受传统文化的熏陶。

我相信在这样的环境里长大的孩子不会太坏。

有一次，孩子要跟我们去足疗店，我没让他去。我从不让他去足疗店，毕竟去那里的人太复杂。但我允许他去茶城，在那里他可以看到茶道，可以接触中国的茶文化，这些都是家风的一部分。

虽然家里有保姆，孩子的事情还是要自己做，我在家里时也特别尊重保姆，把保姆当我母亲一样照顾。孩子看在眼里记在心里，所以他不会在家里飞扬跋扈。老师也反映他在学校里听话懂礼貌，会照顾同学，不像有钱人家出来的孩子。

家里不缺钱，但我从不买特别奢华的家具，朴素高雅是我们的定位标准。我觉得，家里那些物品也是会说话的，他们每天都在告诉孩子们，应该选择什么样的生活、什么样的人生。

这位朋友的经验值得父母们参考。当您对孩子进行家庭教育时，切莫忘记无声的教育往往更有穿透力，那些桌椅、那些花草、那些欢笑、那些轻声问候，都是教育。

4. 优良家风的四个方面

父母营造良好的家风，可从四个方面入手：

积极进取的生活态度。家庭成员之间可以有不同的爱好和理想，但他们在生活态度上却比较一致，都是积极向上的，有理想、爱奋斗、勤奋顽强、乐观好客、尊敬长辈、孝敬老人、爱护幼小。在这种生活态度的支持下，家庭成员的行为对孩子的影响也一定是积极的。

和谐民主的家庭氛围。家庭成员之间相互理解，相互尊重，彼此信任和关心。生活在这样的氛围中，才能心情愉快，相互促进，这样的家庭才是充满活力的，也能更促进每位家庭成员的发展。和谐民主的家庭氛围还包括父母对子女的准确定位，对教育孩子的科学理解。

赏心悦目的家庭环境。这里的家庭环境准确地说是指家庭实物环境，如家庭中实物的摆设等。家庭环境整洁有条理，充满生机，朴素而具有知识韵味，都能给孩子很好的影响。有的家庭充满了绿色，有的家庭为孩子安排了快乐的、环境优美的儿童房，这些既给孩子带来美的享受，也使他们在生活中学会珍惜美的环境，做事井井有条。同时，生活在这样的环境中，还会让孩子感受到爱，感受到生活的快乐。

家庭成员的榜样行为。父母对孩子的影响已不必再赘述，父母的行为是家风的重要组成部分。这些行为不能仅仅是专门做给孩子看的，而是要渗透在生活的每个细节里。这样才能真正成为家风的一部分，才能真正在无形中影响子女。例如，成年人对老人的孝敬，不能仅体现在语言上、行为上，还要体现在眼神上等。如果仅仅给老人钱，帮老人干点儿活，但却牢骚满腹，或者虽然嘴上不说，眼睛里流露出厌烦无奈的眼神，对孩子都是无声的影响。

从细微处着手改变

有些爸爸妈妈苦恼自己为孩子奉献了那么多，培养孩子孝敬长辈怎么就那么难？其实，长辈是孩子身边的亲密家人，本来就有天然的情感联结，只要父母注重在日常生活细节挖掘教育机会，给孩子提出一些符合年龄的具体要求，孩子的改变并不难。

1. 舍不得吃夏威夷豆的老妇人

画家、作家刘墉曾经讲过一个感人的故事。他在给一些成人教授国画课的时候，在课堂上提起了一种夏威夷豆，MAGDAMIA，他说这种豆很好吃。其他同学也跟着啧啧有声地赞美，但一位叫玛格丽特的学生，她是一位60多岁的老妇人，却说："听说那种豆很好吃，可是太贵了，所以我没吃过。"让刘墉先生感慨的是，那种豆只是一种零食，虽然贵，但也只有几美金，在台北的很多食品店里都可以买到。然而，就是这样一位连几美金一瓶的夏威夷豆都舍不得买的老妇人，为了把她自己画的三张画送给女儿，要每张画花几十美金请刘墉先生帮她装裱，再花一百多美金拿去配镜框，而这些画仅仅是为了挂在女儿的房间里。当时，刘墉并不理解老妇人的想法，他对老妇人说："既然要送画给女儿，也可以让她自己拿去装裱啊，哪里有奉送到底的道理？女儿最少也得自己配框子，表示一点儿诚意啊！"但老妇人却说："您要知道那是女儿啊！如果我不帮她装裱好，只怕她搁个几年也不会挂起来！"

刘墉后来写道[①]：

觉得父母的付出是当然，而不知心存感激，是许多年轻人的毛病，这主要是因为他们在成长过程中，父母始终无条件的付出。……你或许要说，子女的心里也是爱父母的，也都有着感激，只是他们多半放在心里，没有表现出来。问题是，这样的有，和无又有什么不同呢？表面说爱父母，却不珍惜自己的身体，表面叫父亲不要太辛苦赚钱，私底下一点儿也不节省，口口声声要母亲保重，接着却要妈妈做这做那。这好比站在岸上高喊"有人溺水，救人啊"，自己却吝于伸出援手，甚至落井下石一般。

正因为成年人长期无私的、不求回报的付出，才养成了"懒孩子"、"自私的孩子"、"无情的孩子"等，因为在孩子的心里已经形成了心理定势，认为父母等人就是天生应该对我好。因此，要给孩子提出明确的要求，父母首先要做到的就是先管好自己，不要长期无条件地付出。偶然跟孩子索要一些爱，讲些小条件，也是合情合理的，是习惯养成的需要。

2. 孝心重在细节

要培养孩子对长辈的爱心、关怀、感激，就要从小开始。但从孩子的

---

①刘墉. 创造自己. 广西：漓江出版社，2006

道德发展水平来看，处于小学阶段或幼儿阶段的孩子，多数是以自我为中心的，他们更习惯按照自己的标准来看待外面的世界。所以，对待年龄小一些的孩子，要给他们具体的要求，可以从生活小事做起，这也是孩子们比较容易做到的，可谓"举手之劳"，但孩子却可以通过这些细节培养出感恩的心和孝敬父母的好习惯。

例如：

一声问候：看到爸爸妈妈下班了，问候一声"辛苦了，您歇会儿吧！"

一双拖鞋：爸爸妈妈下班后或爷爷奶奶来的时候，给他们拿双拖鞋，或者倒杯茶水。

一张贺卡：记得爷爷奶奶和爸爸妈妈的生日，在他们生日时送去一个小祝福。

一件家务事：体验父母的辛苦，选择一件家务事来做。饭前摆放餐具，饭后擦桌子，保持自己的房间整洁，不给父母添麻烦，等等。这些都是孩子可以做的。

当您了解到这些之后，就可以根据家庭实际状况给孩子提出一些要求了。要求不必太多，但要是孩子力所能及的事情。广州市西关培正小学是通过儿歌的形式给孩子们提出要求的，例如，他们的"孝敬父母五要五不要"，内容很具体，朗朗上口，也容易让孩子记住：

一要了解父母；二要亲近父母；三要关心父母；四要尊重父母；五要体贴父母；一不要影响父母工作与休息；二不要惹父母生气；三不要顶撞父母；四不要独占独享；五不要攀比享受。

爸爸妈妈们也可以根据孩子的兴趣爱好，用儿歌、童话、童谣等形式对不同年龄的孩子提出不同的行为指标。例如，四五岁的孩子或小学低年级的孩子要做到"父母身体不舒服的时候主动问候"、"回到家主动与父母打招呼"、"为下班的父母拿鞋、拿衣服"等；对年龄稍大一些的孩子要求他们"进出家门主动与父母打招呼"、"父母下班回家主动问候，送上一杯水"、"父母生病时给父母拿药，提醒他们吃药"、"尊重长辈，出门让长辈先行"等；对十多岁的小学高年级的孩子，要求他们"父母回家主动问好，并帮助做家务"、"父母生病时主动照顾"、"尊重父母的选择，不要小脾气"等。

当孩子到了中学阶段，自我意识和自我管理能力会逐渐增强，道德行为的发展也开始由他律（外在规范和要求）向自律（通过自己理解、认识而自觉遵守）的方向发展，这时对孩子的要求可以更多是情感上的，如对父母更加尊敬，发自内心爱戴和敬重；在行为态度上，虚心接受父母的忠告和教诲，恭敬有礼，在生活上多体贴照顾父母，为父母分忧解难等。

3. 聪明妈妈巧分桔子

习惯养成重在持之以恒的训练，尤其对于小学阶段的孩子，更需要靠不断的行动来强化习惯。所谓强化，就是对学生已有的行为，运用必要的措施，有意识、有目的地施加影响，从而使孩子在反复练习和长期坚持中形成习惯。所以，让孩子行动起来，经过一段时间的努力，相信父母们一定会看到一位有爱心，懂得尊敬长辈、知道感恩的好孩子。

孩子的很多毛病，包括自私、独吃、独占，常常是大人辛辛苦苦、省吃俭用培养出来的。当然，不是所有的父母都这么不理智，有一个母亲就非常理智，巧妙地培养孩子的爱心和孝心。这个妈妈姓周，他们一家三口都喜欢吃桔子，这个妈妈去买桔子的时候与众不同，她不按斤买，而是按3的倍数买桔子，买9个、15个、21个……晚饭后看电视，全家人吃桔子，妈妈的规矩就是让儿子去拿3个桔子，擦干净拿过来一人一个。等到只剩下3个桔子时，儿子把桔子拿在手里，没像往常一样送过来，而是用眼睛看着爸爸妈妈，那意思是说：就剩3个了，你们俩还吃吗？妈妈跟爸爸使个眼色，吃！结果，爸爸妈妈一边剥桔子，儿子一边流眼泪，心想真狠心哪，你们真吃啊，一点儿都不心疼我。

这个妈妈后来说："我的天哪，我把那个桔子吃下去了，一点味儿都没吃出来啊！"是啊，看着儿子流泪的模样，哪个妈妈不心疼呢？哪个爸爸愿意和孩子争桔子吃惹哭他？其实，这个妈妈做得对，现在的孩子不缺两个桔子，他缺的是心中有别人。

儿童长大的过程是一个由自然人变为社会人的过程，是一个社会化的过程。什么叫社会化呢？用最通俗的语言说，当孩子的心中能够想到别人了，他的社会化就开始了，当他能够处理好你我他之间的关系，他的社会化就达到了一定的水平。

后来，这个分桔子的孩子长大了，考上了北京大学。亲戚朋友很高兴，这个给50，那个给100，反正一共给了他500块钱。他妈妈说："我们真没想到，春节回家看奶奶，儿子把这500块钱装了个红包，都给了他的奶奶。"

大家想想看，今天的孩子如果有属于自己的500块钱，能舍得给一个远方的老人吗？过春节的时候，有的孩子可能因为老人给的压岁钱不够多还不高兴呢！为什么这个小伙子如此有孝心爱心？这就是良好习惯的培养。

周妈妈家里有一个规矩，家里一做了好吃的东西，先让儿子给姥姥姥爷送一份，因为靠得比较近；每个月给爷爷奶奶汇款，去邮局都是带着儿子一块儿去，让儿子填单子办手续，还要在汇款单上写上祝福问候爷爷奶奶的话。久而久之，好习惯就养成了，这就是证明了孔老夫子的名言"少成若天性，习惯如自然。"

上面这位母亲的做法，其实就是在用行动教孩子行动起来，把对父母感恩的心，把对父母的爱体现在每一次行动中。

4. 给孩子一个劳动岗位

培养孝敬的孩子需要在实践中进行，父母可以鼓励孩子从家庭小事做起。有的父母反映孩子懒得出奇，在家里可以说是"横草不动，竖草不拿"。有句俗话说："懒人是勤快人养出来的。"意思是说，如果家里有一个人特别勤劳，干活又麻利，经常嫌别人干得不好不利落，于是只要有可能，索性就把家务活大包大揽了，"懒人"就这样被"养育"出来了。"懒孩子"一旦被培养出来，就形成了不良习惯，对父母的辛劳缺乏观察力、理解力和同情心，父母若有管教和指责，他还可能会反感、顶嘴、强词夺理。这样的孩子，当然难以具有感恩的心和良好的习惯。所以，父母可以在家中给孩子设一个劳动岗位，把习惯养成巧妙地融入在家务劳动中。

5. 不要怕孩子"闯祸"

给了劳动岗位，还要培养孩子的信心。家务活在成年人眼里不是难度很大的工作，但对缺乏劳动经验的孩子来说，还是有很大难度的。所以，父母要多给孩子信心。不要害怕孩子"闯祸"。最初几次，您可以看着孩子把扫地、擦桌子的活儿干完，不仅仅是为了对孩子实行"现场监督"，更重要的是为了给孩子"现场指导"，不断提高孩子干家务活的技能。

对长辈的爱心怀感激，还体现在与他人的相处中。对爷爷奶奶等长辈，父母可以多提供一些孩子与他们相处的机会，并和孩子设计一些为爷爷奶奶做的事情。如每个星期天给爷爷奶奶打电话问候、每个月去看望他们一次、请孩子帮助父母给长辈汇款、元旦时和孩子一起制作贺卡寄给长辈等。这些活动要经常有，这样做既联结亲情，又促进孩子的习惯养成。如果高兴了来一次，忙碌了就把什么都忘记了，是难以形成习惯的。只有长期实践，才能渐渐把这些好的做法变成日常生活中经常出现的行为。对邻居的叔叔阿姨等长辈，也要引导孩子学会相处。例如，家中来了客人，要引导孩子出来问候一下，给客人倒杯水、端水果等。父母也可以利用收电费、请求邻居帮忙、给他人帮助等机会，让孩子多参与。

6. 抓好每一件小事

父母不仅要让孩子行动起来，还要加强监督，抓好每一件小事。这也是习惯养成的重要原则。万事开头难，开了头的事情也要按部就班地抓下去，孩子的习惯才能形成，切忌三天打鱼两天晒网。很多父母都在成功的家庭教育中感受到了这一点①：

8 岁男孩徐伟的父亲说：我们一家三代人住在一起，孩子与奶奶接触较多，我们要求孩子每天早上喝牛奶时都要亲自给奶奶送去一杯。久而久之，孩子喝牛奶时也要求奶奶和他一起喝一杯；奶奶洗衣服的时候，我们也有意让他拿凳子给奶奶坐，并帮奶奶洗袜子；当奶奶身体不好时，让孩子去安慰奶奶，给奶奶倒水、送药，而奶奶也经常把自己不舍得吃的好东西给孩子吃。祖孙两辈互敬互爱，我们心里也非常高兴。

另一位母亲说：我有两个孩子，一个 8 岁，一个 10 岁，现在分别上小学一年级和三年级。在他们刚会走路的时候，我就注意教他们做一个懂得回报、懂得孝敬老人的孩子。比如出门和长辈打招呼，吃饭要等大人都坐下再吃，坐公交车主动给长辈让座……我们常年坚持这样做，现在，他俩不仅学习成绩出色，而且能自觉孝敬、照顾长辈。周末他俩总是说："妈妈，您休息一会儿吧！早饭我们来做。"每年得到的压岁钱，从不随便乱花，当父母和长辈们过生日的时候，就给长辈买一点小礼物表示心意。礼物虽然不贵，但他们的心意却非常可贵。从我们的经验看出，对孩子孝心的培养应该及早入手，并且耐心坚持引导才能产生效果。

可见，在培养尊重长辈、懂得感恩的好习惯时，要特别注意常抓不懈，对好的行为要及时发现，经常鼓励，并强化孩子的好行为。

及时检验习惯养成效果

评估孩子是否养成了孝敬父母、懂得感恩这一良好习惯，父母或老师们仍然要从知、情、意、行四个方面去考察。下面我们依然从这四个方面粗略地为大家列举出一些评估内容。

---

① 怎样引导孩子孝敬长辈［N］. 家庭导报. 2007-01-15

知：懂得父母对自己有养育之恩；

懂得孝敬父母是子女的义务；

尊敬父母，不能无论父母对错都一味地顺从或逆反。

情：在情感上与父母贴近；

尊重父母，当发现父母的水平不如自己时，不要对父母不屑一顾；

当发现父母有不正确言行时，能善意地提出自己的想法，并帮助父母纠正错误。

意：面对购物、穿戴、交友等问题，孩子懂得尊重父母意见；

当想法与父母不同时，能控制自己的情绪，有话和父母好好说；

不向父母提出一些过分的要求，不与同学过分攀比，能控制自己的消费欲望。

行：能听从父母的正确指导；

能在生活中关心和体贴父母，例如，父母下班后能给父母倒杯水，主动问候父母；

尽力帮助父母做家务；

父母生病了要尽自己的力量去照顾父母；

在培养孝敬习惯时，父母也要注意一些原则。一，对孩子的鼓励不能过分夸大，更不要事事表扬，使孩子为了获得表扬才去做一些尊敬长辈的事情。二，不能太功利太着急，孩子的成长需要一个等待的过程，在给孩子设置家庭劳动岗位时要和孩子商量，要本着具体可行的原则。三，日常生活中父母要尽量减少包办代替行为。孩子需要成人的关照和爱护，但是成人不能有过多的包办代替。如果成人什么都替孩子想好了，什么都替孩子做好了，孩子就会认为这一切都是应该的，不认为长辈为自己的付出是值得珍惜和感谢的，就很容易产生不尊敬长辈的行为表现。

第三章

让孩子有颗柔软的心

一份悲凉的免责声明

据《湖北日报》报道，家住武汉市汉阳知音西村周婆婆，出门时都要随身携带一张纸，上面写着："本人在人行道上摔倒被人施救，施救者免责"。87岁的老人出门带着这样一张免责声明，的确让人感到悲凉。周婆婆为什么要这样做呢？因为她的老伴儿李大爷刚刚去世没几天，就是因为在路上摔倒了没有人敢上前搀扶，导致鼻血堵塞呼吸道窒息死亡。

2011年9月3日的《楚天都市报》也报道了这件事：李大爷是清晨7点半左右在离家只有100多米的菜场门口跌倒，面朝下摔在地上，当时他想站起来，但力气不够。附近的摊贩称，李大爷躺在地上一个小时，围观的人越来越多，但是没人敢上前扶一把。直到老人的家人获悉后，才送往医院救治，但老人已经因呼吸道窒息死亡。

这让周婆婆心痛彻骨，她找人写下了这份免责声明，希望在自己遇到这样的情况时，能有人帮一把。

有同情心，帮助他人，是中华美德。但是，一段时间以来，网络上到处流传着类似的案例，看了不能不让人感到心寒：

案例一：2009 年 10 月 21 日，天津车主许云鹤沿天津市红桥区红旗路行驶，遇到正在红旗路上由西向东跨越中心护栏的老人王秀芝倒地受伤。许云鹤称是下车搀扶王秀芝，而王秀芝则称，她是被许云鹤撞倒的。今年 6 月 16 日，一审法院判决许云鹤赔偿王秀芝 10 万余元。

案例二：上海新华路淮海西路口，一名老人躺倒在地满头是血，围观路人无人敢扶，骑车经过的外国女子看到，生气地大骂中国人道德沦丧。

案例三：2013 年 4 月 5 日，长春市一位老人摔倒在菜市场里，只有一个卖菜的商户打电话给 120 急救，一位女孩在旁边守护。在 120 急救人员赶到之前，有 178 人从老人身上跨过去离开，没有人伸手帮助，商贩们也依旧在忙着卖菜贩蛋。

虽然上述案例只是发生在生活中的个别现象，但是对人们的同情心、爱心、道德的影响及伤害却是深刻和久远的。一些家长也在困惑，还要不要培养孩子的同情心？培养同情心对孩子有用吗？

同情心是一个人由于意识到自己与他人息息相关而对他人产生的不忍、关心、亲近、依恋的感情，是人的主体性体现在情感方面的基本要素，是一个人在品德方面成长的基础和土壤。同情心是爱的萌芽，是人类一种很珍贵的感情，它表现在对别人的痛苦表示关心和安慰。同情心对于人们建立良好的关系以及个性的完善都有着较大的作用。从心理学上来说，是人格的需要之一，即扶助需要，也称为慈善需要。扶助需要强的人表现为富于同情心，喜欢帮助不幸的人；以仁慈、同情待人，宽恕他人，对他人较为慷慨；对有伤病的人，在感情和行为上给予很大的帮助。因此，对于具有这样一些行为特征的人，我们称他为具有同情心的人。然而，成年人现在却惊奇地发现，一些孩子身上缺少同情心，他们对残疾人、乞讨者冷漠无情，对患病者嗤之以鼻，对小动物大下毒手，对同伴苛刻计较，对一些公益活动旁若无睹。

也许有的父母会在心里想：同情心有那么重要吗？现在社会竞争那么激烈，生活负担那么重，我们只要管好自己，不做坏事伤害别人就行了，难道非要对他人抱有同情心吗？"各人自扫门前雪，不管他人瓦上霜"，古训都是这样说的，我们把自己管好了，不是也给社会减少麻烦吗？再说，我们并非富豪，慈善事业是富豪的事情，和普通百姓有多大关系呢？

实际上，同情心是一种很重要的"爱的情感"。从人的道德情感来说，"同情"是高级情感产生的基础。孩子在婴儿时期就已经开始产生这种情感了，当他看见别的孩子哭，他也会跟着哭，看见别的孩子笑，他也会情不自禁地跟着笑。这种朴素的情感是产生其他道德动机的基础，因为有了这种情感，孩子后来才会产生关心他人、帮助他人、爱护弱小、学会理解和宽容、责任心等多种情感。所以，教育家陈鹤琴先生说："同情行为在家庭和社会里是一种非常重要的美德。若家庭里没有同情行为，那父不父、母不母、子不子，家庭就不成为家庭；若社会里没有同情行为，尔虞我诈，人人自利，社会也不成社会了。"可以说，同情心是爱的基础，是善良的基础，它在一个人的道德品质中和健康人格中占有重要的位置。

我们的教育目标是将孩子培养成为爱祖国、爱人民、爱劳动、爱科学、爱社会主义的新人，而这一切都离不开一个"爱"字。如果一个孩子冷漠无情，他拥有再多的知识，将来又能为社会、为他人、为家庭做什么呢？所以，关注孩子的情感，帮助孩子将美好的扶助需要转化为行为，付诸行动中，并形成良好的习惯，可以说是其他习惯养成的基础。

同情心形成的三个阶段

教育孩子的前提是了解孩子，了解孩子的前提是尊重孩子。如果成人们能够根据孩子不同年龄阶段同情心的发展状况、特点来加以引导和教育，不断地强化这种情感，就会渐渐养成同情他人、理解他人的习惯。因此，要培养孩子的良好习惯，首先要了解孩子当前的状况是怎样的。可以说，同情心是一个人在社会交往过程中最早获得的一种情感反应。心理学研究表明，它的发展过程一般分为三个阶段，因此也分为三种类型。

1. 感染型同情心

第一阶段产生于婴儿出生后 3 个月左右。当一个婴儿听到其他孩子哭时，他就会感到不安，继而产生同情，出现移情反应，并因此跟着哭闹。到 9 个月时，如果看到别的孩子跌倒了，他也会因为同情而在妈妈的怀抱里寻找安慰，好像受伤的是自己。这一阶段的婴儿由于自我意识还没有萌芽，无法区分自己与他人，因此总是把别人的痛苦当作自己的痛苦。所以，心理学家马丁·霍夫曼把这种现象称为"全球同情心"，在心理学上也被称为感染型同情心。

2. 简单抚慰型同情心

第二阶段产生于婴儿 1～2 岁。这时，婴儿已经能够清楚地分辨自己和他人的痛苦，并且具备了试图减轻他人痛苦的本能。比如，15 个月的婴儿看到别的婴儿哭，他可能也会瘪着小嘴想哭，然后他会拿出自己手里的玩具去安慰哭泣的孩子，或者给哭泣的孩子擦擦眼泪，以此来表示他的同情心。

但是，由于认知能力不成熟，不知道该如何表现自己的同情心才好，这个年龄段的孩子很容易出现同情心混乱状态。比如，如果哭闹的孩子被抱走了，那么想要去安慰别人的孩子就失去了安慰的对象，他可能转而抱着他的玩具小熊，以哄玩具小熊的方式来继续表露他的同情心。

和感染型的同情反应不同，他们越来越少采用与别人一块伤心的方式来显示自己的同情心，而是逐渐开始去安慰别人。当他同情别人"落难"时，他会拿出自己喜爱的东西和别人分享，或者用身体去碰触"落难者"，表示支持和理解，或者找比他自己更有力的救兵来帮忙。有时，他们自己也会说一些安慰的话。

所以，这个阶段也被称为简单抚慰型的"同情心"。这个阶段的孩子只能看到他人明显表现出来的痛苦，而对于一般的忧虑、不开心、烦恼是看不出来的。另外，这个阶段的孩子也无法区分情感上的痛苦，看到他人极度悲伤，他们会问"哪里痛？"。

3. 理解型同情心

第三阶段产生在 3 岁以后，随着语言的发展，幼儿会更多地运用语言来表示自己的同情心。这时他们对情绪上的痛苦也更加理解了，会越来越深入地理解别人伤心的原因，并根据不同的原因说不同的安慰性的话。到了小学阶段，儿童对情绪、情感的理解更加深刻，也能够发现评估他人情绪变化的更多线索。到儿童后期和青少年时期，他们不仅能够理解当时的情绪，也开始理解生活状况等长期的环境所带来的情感。如开始理解贫穷、离异、疾病、工作不如意等带来的痛苦和烦恼。所以，这一阶段在心理学上被称为理解型同情心。

父母们了解了同情心的发展规律，在给孩子提出同情心的要求时，就要结合孩子的年龄特点，不能对孩子提出太高的要求，也不要低于他的年龄发展程度，这样在习惯养成时采取措施才能更有效。例如，对于幼儿园阶段的孩子，让他们学会安慰哭泣的小朋友，小伙伴摔倒以后主动扶起来；对于小学阶段的孩子，要求就要提高一些了，要让孩子学会了解父母或者伙伴的情绪，了解生病的人的痛苦，了解生活贫穷家庭的无奈等，并采取一些力所能及的行动。而到了中学阶段，对孩子提出的要求就要更高一些，要让孩子理解贫穷，理解离异的痛苦和无奈，理解疾病，理解失败和挫折等。父母还可以根据自己的家庭情况，根据孩子的年龄特点和性格特点，确定更具体的培养目标。

主动营造善良和美好

生活中的人际关系因素对孩子成长影响巨大，如教师与学生之间的关系、儿童与儿童之间的关系、儿童与集体之间的关系、家庭成员之间的关系等，都构成了人们的生活环境及氛围，都属于社会环境的范畴。要培养孩子的同情心，首先要为孩子提供宽容友爱的环境，使儿童感受到人间珍贵的亲情和友情。

1. 斑鸠妈妈的爱

父母也许会惊奇地发现，孩子本该顺理成章发展起来的同情心，却悄悄地消失了，甚至有些孩子变得冷漠无情。原因何在呢?

教育家陈鹤琴先生认为: "同情心不是生来就有的，要在后天慢慢发展的，在教育好的家庭培养得快一点，在教育不良的家庭发展得慢一点""小孩子缺少同情行为并不是小孩子的秉性不良，实是做父母的不去教育他们的缘故。"陈鹤琴先生的话是有道理的，这是因为孩子的同情心在早期只是一种朴素的情感和需要，但这情感和需要并不能等同于行为，更不是自动化的习惯。要变成行为或习惯，会受到家庭教育及所处环境的影响。

例如，看见街上乞讨的穷人，有的妈妈对儿子说: "这种人你千万别理他，他们都是骗子，他们骗回去的钱能盖一栋小别墅! "看见一个民工的孩子，有的爸爸一拉儿子的手说: "如果你不好好学习，也要去扒拉地球，将来你的孩子就成了这样! "路上看到几个孩子在欺负一个智障行人，女孩愤怒地要去制止，却被奶奶训斥道: "关你什么事儿? 女孩儿家少管别人的事! "如果孩子长期生活在这样的环境中，他们的同情心就会慢慢消失，变得冷漠自私。所以，父母首先要做孩子的榜样。

著名的生物学家威尔逊讲述过生物界这样一个有趣的现象: 一只雌性的成年斑鸠在看到一只狼或者其他食肉动物接近它的孩子的时候，便会假装受伤，一瘸一拐地逃出穴窝，好像它的翅膀折断了。这时，食肉动物就会放弃攻击小斑鸠转而攻击成年斑鸠，希望能够捕食这只"受伤"的猎物。一旦这只成年斑鸠把这只食肉动物引到远离穴窝的地方，它就会振翅飞走。斑鸠就是用这种富有爱心的举动来保护幼小的斑鸠，使它们能够活到成年，繁殖后代。而小斑鸠在耳濡目染成年斑鸠的做法后，也会仿效。

从动物界的经验就可以看出，爱心和同情心都是后天强化的行为。父母的榜样，会成为孩子模仿的内容。因此，父母在家庭教育中要以身作则，通过自己的言行为孩子提供榜样。

2. 用同情心对待孩子的情绪

为孩子做榜样，不仅父母要具备同情心，对他人的不幸表示同情理解，尽力去帮助别人，更要表现在对待自己的孩子上。当孩子遇到挫折、困难、烦恼的时候，父母要用同情心、同理心来对待孩子的情绪，要多进行换位思考。

例如，小凡在中考时没考好，一回家就哭起来。这时，妈妈没有训斥她，责怪她，而是和风细雨地说："没考好的确很难受的，妈妈理解你现在的心情。不过也没关系，坚强点，还有机会，我们还可以继续努力啊！再说，一次考试成绩也并不能完全决定命运！"母亲同情的话语，不仅能化开孩子的心结，让孩子得到安慰，还会渐渐让孩子养成同情他人、理解他人感受的心态。

相反，如果父母对孩子遇到的困难、遭遇训斥责骂、轻描淡写、冷嘲热讽、唉声叹气，孩子不但无法缓解不利情绪，还会慢慢在心里滋生仇视、冷漠的情绪，对人对事也会变得无动于衷。

一位母亲讲述了这样一件事：她的女儿在拿罐头瓶子的时候不小心扎破了手，妈妈心疼地帮女儿包扎。第二天妈妈带女儿到一个亲戚家去，孩子们玩时她提醒说："孩子昨天扎破了手，今天最好别让她受伤的手沾水。"谁知一位亲戚听了以后不是安慰孩子，而是说："又淘气了吧？以后还敢不敢了？"那位亲戚的话让母亲愕然。

对于强壮的成人来说，这点儿小伤的确不算什么，但对孩子来说，他的心灵却非常敏感。成人如果用这样的语气对孩子讲话，给孩子培养的不是宽厚仁爱的心，而是冷漠和自私。父母或教师用同情心来对待孩子，其实也是在营造一种同情、理解、关怀的家庭氛围，家庭成员之间相互关心和理解，而不是冷漠无情，事不关己高高挂起，所以，说到底这也是在为孩子提供关爱他人的家庭环境。因此，马克思说："你可以用各种行之有效的方法去影响孩子，可最好的方式还是你的行为。"别林斯基说："父亲和母亲的一切生活，一举一动，应该作为儿女的榜样，也是父母对儿女互相关系的基础。"

3. 为孩子寻找善良宽容的伙伴

一个富有同情心的妈妈会用她的一举一动影响孩子的行为，但是，随着孩子的成长，伙伴在他们的习惯养成中也会起到重要作用。这是因为随着孩子的思考和辨别能力越来越强，他们更容易受到同伴群体的影响。这时，父母要特别注意为孩子寻找善良宽容的伙伴与他们一起玩，并在生活中处处留心为孩子找到可学可见的、生动形象的榜样。比如，报纸上的感人故事，社区里的小伙伴等，都可以成为孩子的榜样。关键在于父母的引导和启发，如果成年人能多和孩子沟通，经常点拨他去发现生活中一些善良的人，一些美好的事物，他就会自己在生活中找到榜样。

4. 营造和谐互助的邻里关系

随着人们生活节奏的加快，很多城市家庭已经生活在高楼大厦、钢筋水泥中，各个家庭关起门来，几乎从不来往，即使是门对门、户挨户，也往往互不相识，更别说相互关心了。久而久之，孩子自然容易形成冷漠的心态。因此，父母要善于营造与邻里间的和谐氛围。对孤寡老人，不妨带着孩子去帮助做点家务；对生病的邻居，可以请孩子送去点儿可口饭菜……

这些做法，不仅让孩子感受到相互关爱的美好，给孩子一个学习的榜样，还可以渐渐形成和谐的邻里关系。慢慢地，孩子也可以从邻里来往中感受到关爱、理解、同情的生活氛围。

从生活细节开始

同情心是人们日常生活中经常表达的一种情感，它需要精心培植和维护。爸爸妈妈们对孩子的同情心培养，要从生活细节开始，把这种爱的情感激发出来，维护好，发扬起来。

1. 发现和保护孩子的同情心

孩子的心灵是纯洁的，本没有高低贵贱之分，有时反而是成年人的一些错误观念影响了孩子。培养孩子的仁爱之心，父母一定要特别注意发现和保护他们的美好情感，不要在同情的萌芽刚刚露头的时候就扼杀了这种宝贵的行为。一位母亲经常鼓励孩子去帮助他人，一次，孩子在过马路时看见一位老爷爷行动不便，她看了看妈妈，妈妈及时捕捉到女儿的眼神，心领神会，就用鼓励的眼光看着女儿。女儿于是主动地走上前去，扶着老爷爷过了马路。老人很感激地对小女孩儿说谢谢。这位母亲不仅发现了孩子的美好情感，鼓励了孩子的善良行为，还及时给孩子鼓励。她对孩子说："你注意了没有？刚才你那么做的时候，旁边的叔叔、后边的阿姨也都向你投来赞许的目光呢！"这是非常艺术的教育方式，母亲用自己的赞许、他人的赞许来强化孩子的善良行动。

有些父母在家庭教育中往往有意无意地抹杀了孩子的向善感情。当孩子在公共汽车上想给身边的老人让座时，母亲却悄悄地用手按住了孩子的肩头；走在路上，看到几个年轻人正在欺负一个残疾人的时候，儿子想上前去劝阻，爸爸说："别管闲事，小心挨打！"电视报道：某商场保安在帮助两位女士追赶劫匪时遭到劫匪袭击，当场血流满面，昏倒在地。夫妻俩一边看电视一边议论着："这个保安简直是个傻子，歹徒跑了，被抢的失主也溜了，他自己受了伤找谁报医药费啊！"成年人这些言行，其实都是在潜移默化地改变孩子那颗善良的心。也许，就在不经意间，一个善良的少年变成了冷漠的"看客"。

2. 给孩子表达爱心的机会

柴洁心老师从事教育工作多年，她在一个"三八"节时曾经做了个试验。她让小区里几个孩子想办法给母亲过节。孩子们决定给母亲送上一杯浓浓的、甜甜的糖水，让妈妈们感到生活是非常甜美的。

事后，柴洁心找到孩子们了解情况。一个孩子说："那天，我早早就等着妈妈下班，一听到她下班的脚步声，我就跑上前去，给她递上浓浓的、甜甜的糖水。妈妈一饮而尽，脸上露出幸福的笑容，还亲了我一口！"另一个孩子说："我跟你一样，早早做好了准备，可妈妈一见到我就说：'干吗？你少来这套，得几个 100 分比什么不好？'"第三个孩子说："我妈妈喝了一口糖水后脸都耷拉下来了，她说：傻丫头！你到底搁了多少糖啊？！"

可见，只有第一位妈妈懂得保护孩子的爱心。如果父母只知一味地向孩子施与爱，却不会接受孩子的爱，往往会使孩子认为父母是不需要爱的，他们只需要成绩。一旦孩子有了这样的想法，以后他什么都不过问了，变成了一个不懂爱、不会爱的冷漠的人。所以，父母要记得经常向孩子"索取"爱，让孩子在家庭中为父母做些事。

3. 让孩子养养花草或小动物

研究表明，幼年时期饲养过小动物的孩子，往往感情比较细腻，心地比较善良。相反，从小没有接触过小动物的孩子感情比较冷漠，与同学发生矛盾冲突时表现为冲动易怒，出口伤人，行为粗鲁。因此，建议父母在孩子小的时候给他们提供一些饲养小动物、种花养草的机会。马克思的家庭并不宽敬，但他却在家里喂养着各种各样的小动物，鸟、猫、狗等。马克思让孩子们每天照顾小动物的饮食起居，遇到困难也让孩子们自己解决。

这样做的主要理论基础是同理心，也就是专家们所说的"移情"、"同感"、"共情"等，即设身处地去体验他人的处境，体会别人的感受，懂得关心他人，理解他人。孩子们在饲养小动物、种植花草的过程中，有了一份责任，也学会了"善解人意"、"将心比心"。这样做的核心目的是帮助孩子学会关爱，所以，只要孩子愿意养小动物和植物，父母尽可能允许他去养。在家中养一些小狗、小猫、金鱼等小动物，或者养一些花花草草，让孩子去照顾、去关心。

4. 安排孩子定期做志愿服务

这一点是非常重要的，也是持续训练必不可少的步骤。同情心同样需要不间断地训练，这种训练不是说出来的，而是做出来的。如果孩子经常为他人做事，他就会在做中感受到帮助他人的快乐。这些快乐又会成为催化剂，强化孩子的行为。因此，父母要定期做出安排，让孩子有机会为他人做事。比如，为灾区献爱心，关心身边的同龄伙伴，尽自己的能力从行为上、学习上、生活上给他们送去温暖；到社区敬老院参加活动，参与一些志愿者的活动。时间久了，孩子渐渐就会对同理心有了更深的体会和能力，尤其是当孩子自己处在困境中受到别人帮助、理解同情的时候，孩子的同理心就会得到强化。当然，让孩子做的事情可大可小，只要符合他的年龄和能力就行。

5. 经常向孩子寻求帮助

父母们往往太吃苦耐劳、太任劳任怨了，无论为孩子做什么都无怨无悔，自己生病了、心情不好了、受委屈了等都深深地掩藏在心里，唯一的愿望就是让孩子获得快乐和幸福。父母的爱心可歌可泣，但在培养同情心时这样做却是很不利的。长期如此，在孩子心里会形成这样的概念：父母很强大，他们从来不生病，也不疼痛，更没有心情不好的时候，父母的责任就是保护我，为我做一切事。久而久之，孩子就变得冷漠了，对他人的爱淡然了，对自己的责任忽略了，更缺乏同情他人、理解他人、关爱他人等行为和情感。

所以，父母也要学会向孩子诉说烦恼，向孩子寻求一些帮助，让孩子感到他很重要，您很需要他。也许孩子能做的事情很小、很少，但在他心中激起的涟漪却很大，他在关爱中懂得了同情，感受到了他人的心情。

● 如果您生病了，让孩子帮助您倒杯水，告诉他您不舒服的感觉是怎样的；

● 如果您受伤了，让孩子看看、摸摸受伤的部位，帮助您换药，或者给您讲个笑话轻松一下；

● 如果您很烦恼，跟孩子说说您的痛苦心情，让他知道您也有很烦的时候；

● 如果朋友或者家庭其他成员生病了，不要对孩子隐瞒真相，限制孩子表达他们的心情，甚至欺骗孩子说"没什么事"，而应该给孩子提供恰当的机会来表达同情心。

● 如果孩子以他独有的方式向您表达同情，请愉快地接受，并诚恳地向孩子道谢。

6. 抓住生活中的重要事件引导孩子

一个小学四年级的女孩儿放学回来后恨恨地对妈妈说："我再也不帮助明明了，他当了体委就老是欺负我们女生，喊口令声音大得惊人，耳朵都要被他震聋了。他还总是让我们走队列很多遍。"细心的妈妈发现，女儿几乎每天放学回来都要抱怨一段时间，尤其是对那个男生。

过了没多久，女孩儿生病了没去上学，老师让同桌女同学帮助女孩记下作业，并把作业本从学校带回来。母亲专门给老师打了电话，希望让那位男生来做这些事情。当男孩登门送作业后，妈妈给男生和女儿削了水果，请男生给女儿讲了当天的课程内容，还让男生帮助辅导了当天的作业。男生走后，妈妈及时和女儿交谈，让她感觉到同学的帮助和关心，也因此解开了心中的疙瘩。

妈妈的做法巧在抓住了生活中的重要事件。当她发现孩子心中的不快后，不是用大道理去说服教育，而是利用女儿生病的机会进行引导，让她去感受关爱他人的意义。

还有一位外国妈妈的做法也很值得我们学习。她怀了两个孩子，医生在给她进行检查时发现胎位不好，可能会难产。这位母亲请丈夫录下了她生孩子的全部过程，并刻录成光盘。当孩子长大成人后，她把光盘作为生日礼物送给了孩子，让他们感受到母亲的艰辛和伟大。这位母亲也是抓住了一个重要的契机，就是孩子的生日，她送给孩子的一个特别礼物。这个礼物如果选择在平日里送也好，但她的做法效果会更好，更让孩子难忘。

7. 教育孩子理解和善待对手

一些孩子缺乏同情心，更多地表现在对待身边的人。对待陌生人，孩子能让座，能伸手相助，能捐款，而对身边的人则又阴又狠，尤其是对待竞争对手。这也大多和教育有关。在家里，父母可能会对他说："你的那些辅导书可不要给同学看，他们看了你就考不过他们了！""咱们报了英语学习班不要告诉邻居啊，悄悄学，将来让他们大吃一惊，知道你有多棒！"在学校里，老师有时会说："你看人家二班，偷偷做了那么多能力题，怪不得咱们这次考得没他们好！下周我给你们做些题，你们也要保密。""别的学校周六都上课，咱们要不超过他们，将来是死路一条！"这些言语，暗暗地向孩子传递着一个信息：对手就是敌人，要么你死，要么我活！这种心态是不利于培养孩子的仁爱之心的。也许，有些成人正在诲人不倦地培养着一个心狠手辣的孩子。所以，父母要教育孩子理解和善待对手，竞争固然是重要的，但也要善于发现对手身上的闪光点，欣赏这些长处，并不断激励自己。同时，还要感谢对手的优秀，因为有他们的存在，才能使我们每个人都不断进步。

同情心要以正义为基础

虽然习惯养成最终要靠行为来进行评估，但一个好习惯的养成需要知、情、意、行几个方面因素的共同作用。因此，建议父母在对孩子的行为现状、习惯养成效果进行评估时，也要综合考虑上述几个方面。下面几项仅供参考。

知：了解人们的情绪具有变化性；

了解病人、残疾人的痛苦；

了解生活贫穷给人带来的无奈和压力；

了解每个人在人格、尊严上都是生而平等的，无论他是贫穷还是富有；

了解人的一生中几乎都免不了遇到困难、痛苦或不幸，我们应有同情心；

了解人们面临失败、挫折时的痛苦心情；

情：具有尊重、理解、同情他人的感情；

能设身处地地为他人着想；

愿意尽自己的所能帮助他人解决困难；

意：能克服困难去努力为他人做一些事；

能克制自己的冲动，不摘花坛里的花朵，不虐待猫狗等小动物；

对有失误的同学不嘲笑不讽刺；

行：爸爸妈妈生病时能问寒问暖，端水拿药；

身边同学有困难及时帮助，不求回报；

对邻居小弟弟小妹妹要细心呵护；

不虐待流浪的小动物。

亨·乔治说："仁慈必须建立在正义的基础之上，而绝不能取代正义。"同情心固然很重要，但一定要建立在正义的基础上。父母在培养孩子同情心时，一定要特别注意提高孩子的辨别能力。不但要从道理上讲清为什么要同情他人，为什么要多奉献一些爱给他人，还要教会孩子识别好人和坏人。好人值得同情，坏人不值得同情，而且同他们做斗争。

一个对"同情心"深有感触的人曾经讲过这样一件事，她说有一次她在南京街头漫步，走到总府街附近，听见一个男人大喊"抓小偷啊，抓小偷啊！"循声望去，只见两个人一前一后地跑着。后面的人一边追一边喊，当追到一个小杂货店门口时，后面的人快跑几步，伸出大手抓住了前面那个人的衣领，挥拳就打，直到打得口鼻流血，瘫倒在地。

原来，那位被打的人是小偷，在偷自行车时被车主逮个正着。围观的人越来越多，小偷倒在地上，用手捂住腹部，表情十分痛苦，但他却一声不吭。而险些丢失车子的车主越说越是气，抬腿又想踢。这时候，不少路人拉住车主纷纷劝解。

更令人惊奇的是，当车主准备打110报案的时候，周围的人竟然纷纷催促小偷快点跑！小偷迅速爬起来，跪在地上向四面分别磕了一个响头，人们立即为他闪出一条路。小偷迅速消失在一条巷子的尽头。

这个故事并非杜撰，它就发生在现实生活中。可见，如果人们的同情心没有正义做基础，很容易成为罪恶的帮凶，或者因为同情心而受到欺骗等。

因此，在培养这一良好习惯时，父母要特别注意引导孩子分辨什么是真正的同情心，什么是真正的善良。这是本习惯养成的重要原则。

第四章
爱自然就是爱自己

触目惊心的癌症地图

近两年，网上一直流传着一张癌症村地图，看起来触目惊心。这张地图显示，在中国，癌症村已经超过247个，涵盖了27个省。江苏盐城和无锡，江西南昌，四川简阳、河南沈丘、广东韶关、湖北襄阳、浙江萧山等城市赫然在目。这张地图无异于一张死亡名单，使大家心惊胆战，有的村民甚至晚上睡觉都要戴着口罩。

导致癌症村的产生，毫无疑问和近年来的水污染、大气污染等有着密切关系。人类不爱护环境，就是在变相地残害自己。从2012年开始，pm2.5（细颗粒物）这个很学术的名词来到了人们的生活中，人们要外出锻炼时甚至要先看看空气污染指数，一些人甚至在手机上下载了空气污染指数软件，出门前先看数据再决定是否出门或者是否戴口罩。到大自然中去，甚至已经成了奢侈的事。

看看水污染，更是让人心惊肉跳。据报道，河北沧县张官屯乡小朱庄红色地下水导致近 800 只鸡喝后死亡，村民连 400 米深的井水也不敢喝，做饭只能用纯净水；上海黄浦江上游共打捞出 10 000 多头死猪，有些死猪身上甚至检测出猪圆环病毒。

各种环境污染的新闻，相信大家已经看到了很多。为什么这种恶性污染屡禁不止？主要是因为人们在发展经济的同时，忽视了环境保护。在一些人眼里，发展经济赚了钱揣在个人腰包里，能立马儿得到实惠，保护环境却是大家的事儿，没有利益可赚，说不定还要搭上一些时间、精力、金钱。

然而，现实中一个个惨烈的案例告诉我们，爱护一草一木、爱护动物、爱护环境是和我们每一个人息息相关的事儿，爱护大自然就是爱护我们自己。不爱护大自然，我们可能就会失去蓝天和阳光，只有雾霾天气，不敢开窗、不敢出门；不爱护大自然，我们可能会在不知情的情况下吃到被污染的死猪肉；不爱护大自然，我们可能喝到致癌的水，或者晚上戴着口罩睡觉……大自然难道不是和我们每一天的生活紧密联系在一起吗？

因此，爱心习惯养成一定不能少了爱护大自然这个习惯。也许有的爸爸妈妈认为，在孩子读书期间，学习习惯和健康习惯最重要，爱大自然还是离孩子的成长有些远，至少不那么着急去培育。如果有这样的想法，便是短视行为，是只看到孩子眼前的成长，忽视了长远的目标。

为什么我们在培育孩子爱的好习惯时，要特别提倡爱护大自然呢？首先因为大自然和人类有着密切的关系，爱护大自然其实就是在爱护我们自己。人类不仅要珍爱自己的生命，还要珍爱动植物的生命，珍爱大自然赋予的美丽家园，只有这样，人类才能更好地生存下去。您是否觉得草是很不起眼的植物？可是如果没有了草，靠吃草活下来的蝗虫就没法生存；没有了蝗虫，靠吃蝗虫活下来的蛙就没法生存；没有了蛙，靠吃蛙活下来的蛇就没法生存；没有了蛇，靠吃蛇活下来的鹰就没法生存；没有了鹰……在生态系统中就是这样，一种生物以另一种生物为食物来源，而另一种生物又以第三种生物为食物来源……由此在多种生物之间形成一个以食物关系联接起来的连锁关系，这就是食物链。如果中间有一条食物链断了，也就是说，有一个物种灭绝了，就会对大自然的生态平衡产生影响，人类也是生活在生态系统中，那么人类的生活也会直接或间接地受到影响。

爱动植物和花草树木，还可以培养出很多高级情感。人类由动物进化而来，在很多动物身上，我们可以看到人类的类似行为和喜怒哀乐。植物给人们带来清新空气和绿色，长期养花草的人，甚至可以从花草的兴衰繁荣中感受到它们的情绪。我们在孩子幼年阶段培养他们爱的情感时，也往往从动植物开始，这是因为动植物离我们生活很近，也更适合小孩子直接接触。一个爱护动植物的人，更是一个懂得尊重生命、热爱生命的人；一个爱护动植物的人，往往有着细腻的情感；一个爱护动植物的人，常常具有较强的责任心；一个爱护动植物的人，更会爱自己、爱父母、爱集体。

爱护动物已成为目前世界上最重要的环境保护工作之一。100多年前，意大利传教士圣·弗朗西斯在阿西西岛上的森林里和动物建立了兄弟姐妹般的关系，他倡导在每年的10月4日"向献爱心给人类的动物们致谢"。人们为了纪念他，便把每年的10月4日定为"世界动物日"，目的是呼唤全人类关爱动物、亲近自然，进而与动物建立起和谐相处的关系。每年的世界动物日都会确定一个主题，世界各地都会围绕这一主题开展形式多样的活动，中国从1997年开始纪念"世界动物日"。这些都说明爱护动物、植物已经成为全世界的共识。我们要在今日世界立足，首先要遵守文明世界的规则。

中国发生过的虐熊、虐猫等事件，传到国际社会，曾经引起国际友人的强烈抵制。英国BBC电视台还特别报道了中国的虐猫事件，动物权利保护组织"争取人道对待动物"（PETA）的调查人员，化装后也到中国偷拍了一些人在进行猫狗毛皮加工过程中虐待动物的内容。例如：数十只猫狗被装进拥挤的铁丝笼子，之后又被人从车顶直接扔到水泥地上。很多动物四肢摔断，惨叫不止。工人用大夹子将动物夹起，将他们扔过2米多高的围墙里。英国前甲壳虫乐队歌星麦卡特尼观看此节目后发誓，永远不会来中国演出。他还说，他要带头抵制中国货，抵制 2008 年北京夏季奥运会。不少英国公众也发来电子邮件、传真和信函，强烈表示对虐待动物的不满，同时也扬言：除非中国采取措施制止这些虐待动物的行径，否则他们将抵制中国货、不再到中国旅游、不与中国做生意等。可见，少数人残害动植物的行为，已经不是个人的行为，这些行为会影响到国家、民族在世界上的形象和位置。

因此，为了孩子的健康人格，为了孩子未来的成功，帮助孩子养成爱护动植物的习惯也是很必要的。爱护动植物是爱护大自然的基础，爱护大自然是爱世界、爱生活的基础，一个对自然冷漠、缺乏感知的人，内心往往苍白枯燥。

先培养同理心

要爱护动植物，首先要对动植物有真情实感，在内心深处把动植物当朋友一样去看待，而不是看成牲畜或者没有任何情感的草木。但是，每个人对待动植物的态度是不同的，有的孩子就能够对动物产生同理心，把家中饲养的小狗、小乌龟看成是伙伴和朋友，有的孩子情感就会淡薄得多，甚至把小动物或花草树木当成发泄的对象。所以，要想让孩子养成爱护动植物和大自然的好习惯，首先要提升孩子对世间万物的情感。

1. 给孩子讲述爱护动植物的故事

目前世界上已经有 100 多个国家出台了有关反虐待动物的法案。早在 19 世纪初，英国就有人提出禁止虐待马、猪、牛、羊等动物的法案。虽然当时这项提案没有被下议院通过，还被有些人嘲笑，但是到 1822 年，世界上第一个反对虐待动物法案还是在英国首先出台。随后，法国也在 1850 年通过了反虐待动物法案，爱尔兰、德国、奥地利、比利时、荷兰等欧洲国家也相继出台了反虐待动物的法案。1866 年，美国驻俄公使伯格回到纽约后，开始呼吁反对虐待动物。驻俄期间他曾目睹马被马夫毒打而痛苦万分，伯格认为，残酷地对待活着的动物，会使人道德堕落，一个民族不能阻止其成员残酷地对待动物，也将面临危及自身和文明衰落的危险。在他的努力下，美国迅速成立了"禁止虐待动物协会"，并迅速通过了"反虐待动物法案"。截至目前，包括一些非洲国家在内的世界上大多数国家都出台了反虐待动物法案。

对于年龄大些的孩子，父母可以给孩子讲讲这些法律出台的背景，以及人们为什么要出台这样的法律。孩子在了解各国情况后会更加约束自己的行为。

对于年龄小些的孩子，父母要多给孩子讲故事，让孩子受到美丽故事的感染，在情感上先接受正义的行为。例如，有一首歌叫《一个真实的故事》，这既是一首歌，也是一个故事，特别优美、特别动听。歌词像一首诗："走过那条小河，你可曾听说，有一位女孩她曾经来过，走过那片芦苇坡，有一位女孩，她留下一首歌。为何片片白云悄悄落泪，为何阵阵风儿低声诉说，还有一群丹顶鹤，轻轻地飞过……"这首歌说的是一位女孩儿，为了救治一只受伤的丹顶鹤，身陷沼泽献出了年轻美丽的生命。父母可以讲故事给孩子听，把这首好听的歌教给孩子，还可以和孩子讨论为了一只丹顶鹤到底该不该献出生命。再例如，在美国，曾经发生这样一个经典案例：美国KPBI调频节目播音员史蒂文·米德，为了看一只小鸡是否会飞，将其从3楼阳台扔下并做现场报道，导致小鸡的腿、脚受伤。他被陪审团以"残忍虐待小动物罪"判罚18个月监禁、5000美元罚款。这些正面的、反面的故事可以多给孩子讲讲，在情感上引导孩子爱护动植物。

2. 和孩子一起观看经典专题片

在很多人心目当中，动物是没有意识、没有思维、没有情感的，属于人类征服的对象。人类对动物有绝对的支配权利，爱打就打，爱杀就杀，爱吃就吃。然而，通过动物学家经过长期观察和研究证实，动物不仅有感知、有喜乐痛苦，而且有情感需求，甚至有尊严。在非洲，野生大象的栖息地由于遭到人类的蚕食和破坏而日渐减少，大象便利用夜间暮色袭击村庄，毁坏房屋。类似的动物报复人类的例子并非鲜见。父母可以找些这样的专题片给孩子看看，让孩子体会到动物与人类的关系息息相关。

父母还可以与孩子一些看电视《动物世界》《人与自然》等类似节目，让孩子扩大眼界，培养孩子的爱心。一些优秀的、和动物有关的电影，父母也可以经常带孩子去看看，在感人的故事中，孩子的情感会得到升华。例如，《帝企鹅旅行记》《金刚》《战鸽总动员》《海底总动员》《南极大冒险》《鸟的迁徙》等制作精良的大片，有的以动物为主角，有的虽然动物不是主角，在其中却扮演着重要角色。父母有时间多和孩子一起观看这类影片，让孩子在精美的影视作品启迪下爱上动物或植物。看节目的过程中，也要注意增加交流，父母的启发和引导也是很有必要的。

3. 带孩子进行小调查

对大一些的孩子，您也可以和他一起去做些小调查。一位父亲就是这样做的。他的孩子 9 岁，看到市场里的鸡下的蛋特别小，就产生了好奇，问爸爸：为什么这里的鸡下的蛋小得像鹌鹑蛋呢？在爸爸的鼓励下，他与其他孩子一起到菜市场和屠宰场进行调查，结果发现市场的鸡因为经常看到同类被宰杀而紧张恐惧，因此便产出不正常的小蛋。不仅如此，他们还发现那些鸡甚至能分辨出杀鸡人和路人。当杀鸡人走近鸡笼时，鸡会纷纷后退，并发出惨叫声，当路人靠近时，鸡却没什么反应。通过这样的调查，孩子亲身体验到残害动植物的可恶，自己在行为上就会约束自己。

4. 给孩子一些明确的标准

对动植物和大自然的情感，光靠提要求还不行，还需要在明辨是非中坚定爱的情感。

虐猫虐熊事件刚发生时，曾引起过激烈的争论。有的人非常赞同"动物福利与立法"国际研讨会上提出的动物应享有的 5 大自由：一是享有不受饥渴的自由；二是享有生活舒适的自由；三是享有不受痛苦伤害和疾病的自由；四是享有生活无恐惧和悲伤感的自由；五是享有表达天性的自由。相反，一些人却不以为然，为那些伤害动物的人辩护。有人说："虐杀动物是一种心理上的宣泄，有助于保持人的心理健康和平衡。心理阴暗的东西，宣泄掉了，就更加不会违法犯罪了。不是么？"，还有人说："我倒要问了，不就是虐杀了猫么，杀你们的父母、亲戚、朋友了？虐杀自己养的小动物，这是纯粹私人的事情，管你们什么事？"

当孩子是非不明时，自然难以形成稳定的情感。因此，父母要找机会和孩子多讨论，在明辨是非的基础上，向孩子提出明确的要求。下面几个标准供父母们参考：

- 尊重动植物的生命。
- 如果家里养了小动物，要经常给它喂食、洗澡，并整理它的"小屋"。
- 在树林里听见鸟儿好听的叫声，就让它自由地叫吧，请不要拿小石头或者树枝驱赶小鸟，也不要用大声叫喊惊吓了它们。
- 不随意折掐花草，不任意踩踏草地，对喜爱的植物可以欣赏，但不要独自占有。
- 发现了受伤的或者流浪的小动物，要照顾它，并尽量给它"安个家"。
- 发现有人虐待或者滥杀小动物，要勇敢地劝说他把动物当朋友。
- 家里养了花卉要根据花卉特性浇水除草，珍爱它们的生命。
- 用喜悦的心情欣赏动植物，不要把它们当作发泄情绪的对象。

关爱动植物始于一餐一饭

任何习惯的养成都需要榜样，对动植物、大自然的珍爱，更需要在日常生活中培养。因此，爸爸妈妈要抓住生活中的教育契机，在一餐一饭、日出日落、云雨风雪、斗转星移等各种情境中为孩子树立榜样。

1. 抓住契机发表您的见解

看到报纸上或者电视上有类似虐待动物的事件，或者在生活中发现有人踩踏草坪、破坏花草树木等，父母不要熟视无睹，要及时发表您的见解，这也是您给孩子的榜样教育。例如："这样做实在太残忍了！一点人道主义的仁爱之心都没有，这样的人会被人瞧不起的！""小动物实在太可怜了，它多疼啊！""小草也有感情，人们踩上去，它一定会悄悄呻吟的！""这花坛多美啊！园林工人一定费了好大的功夫，他们真伟大！"父母的这些话，其实都是在暗暗向孩子传递您的价值观念和态度，也是在对孩子进行潜移默化的教育。因此，父母要经常性地抓住这些重要的契机，既要表达您的意见，也要多和孩子沟通讨论，多听听孩子的想法。

2. 对爱护动植物的行为欣赏并赞扬

小区里经常有人带着饲养的小动物在遛弯儿，父母可以和孩子一起欣赏他人爱护小动物的行为，并和动物的主人多聊聊天，交流他们爱护动物的心得体会。遇到受伤的小动物，对小区里的花草树木，父母们都要多一份珍爱之情，关爱之心。您的言行，对动植物的好奇心和关爱行为，都会给孩子带来好的影响。

3. 外出就餐不吃"野蛮菜肴"

自古至今，人类为了口腹之快，发明过不少野蛮的菜肴。有些人为了吃得奇特，吃得有面子，吃得新鲜等，丝毫不介意对动物的残忍。清代曾经有几道虐杀动物的"名菜"，至今说起来都让人惊恐不已。例如，一道叫"烫驴"的菜，即生剥开驴臀部的一块皮，用沸水反复浇那个地方，烫成七分熟后便用刀割下来装进盘中供人们食用。而那只被拴在槽上、切去臀肉的驴则惨叫不止，两三日就会疼痛死去。还有另一道菜，类似烤鸭，是用铁笼把活鸭装起来，下面放置铁板，板子下面放上炭火。铁板渐渐被烧热，铁笼里的鸭子因为烧烤变得越来越渴。这时人们把一碗调味汁儿放进铁笼里，鸭子渴得不行就喝下了调味汁。渐渐地，鸭子被烤死，而调味汁已经进入鸭子的肉中，当时人们认为这样吃起来很美味。今天，依然有人发明各种野蛮菜肴，如"现吃猴脑"、"生掏鹅肠"、"活剥羊皮"等，这些菜肴价格不菲，因此一些人认为吃这样的菜肴才有面子。强烈建议父母们在外出就餐时，不要吃这类"野蛮菜肴"，也不应在孩子面前吹嘘、贪婪这种食物。

在家中营造"小自然"

自然中的一草一木，给人们带来欣喜和视觉享受，让人心旷神怡。因此，才有那么多人向往大自然，要花时间花金钱去旅游。可是，有些父母很苦恼孩子每学期上学时间紧张，没有条件去旅游。其实，只要有心，在家中可以营造一个"小自然"，让孩子即使足不出户，也能够每天享受到自然的馈赠。这也是习惯养成必不可少的环境营造。

1. 让家中多些绿色植物

有条件的话，可以在家中营造一个绿色的环境。前面已经讲过，家风也包括家庭环境，如果父母们能经常在家里养些花草，一方面可以美化家庭环境，给孩子带来赏心悦目的感受，让孩子知道花草对人们的益处；另一方面孩子也可以从父母对花草精心侍弄的行为中感受到爱。所以，在家中养花养草，对孩子有很大益处，可以一举数得。家中的绿色植物甚至可以让孩子认养一种，由他来负责每天浇水、看护。一盆水仙开出了嫩白的花朵，会给孩子带来惊喜；一缕花香从花盆中散出，既会让全家人心旷神怡，也会让孩子产生自豪感。

2. 和孩子共同学习动植物知识

热爱来自于了解。如果孩子能了解动植物世界的神奇，他们就会自然增加一些热爱之情。因此，父母可以给孩子买些例如《十万个为什么》动物卷、植物卷读一读，或者带孩子去动物园向饲养员请教喂养知识，到植物园向园丁们了解花卉知识等。也可以鼓励孩子在网络上查阅一些动植物的知识，了解大自然的神奇。这些查阅、访问、学习的过程都是在给孩子情感上的熏陶。如果有条件，能在家中菜园里建一个动植物角或蔬菜角就更好了，父母可以带着孩子劳动，让孩子在做中感受自然对人类的回馈。只是有的家庭不一定具备这些条件，因此，可以从学习各种知识入手，在书本上、网络上徜徉也是激发情感的过程。

3. 用温柔的情感对待孩子

父母对待孩子的情感，给孩子的影响很大。如果一个孩子生活在温暖欢乐的家庭中，他就会用温暖快乐的笑容去面对他人，面对大自然中的一切。如果一个孩子生活在恶语相向的环境里，他就会把所有愤怒写在脸上，刻在心里，甚至付诸行动中。因此，父母要培养一个有爱心的孩子，先给孩子一个爱的环境,用温柔的情感对待孩子,那么他不仅会爱父母、爱家庭、爱同伴，就是自然界中的一花一草也会让他惊喜、感动、呵护。

告别情感荒漠化

很多专家分析，曾经有虐猫行为的研究生张亮亮在生活中有可能遇到过类似被遗弃的情景，因此他才会通过不断领养小猫、再遗弃小猫、残害小猫的手段来获得心理补偿。也有可能是因为他的学业或者生活压力比较重，用这种方式来排遣压力。专家们对当年"泼熊事件"的主角刘海洋的分析也是如此，多数研究者认为由于学业压力较大，家庭与他的交流过少，导致了他情感荒漠化的行为。因此，父母要在日常生活中多对孩子进行情感投资，让孩子成为情感充沛的人，与情感荒漠化说"拜拜"。

1. 感受动植物，增加喜爱之情

下面的几个渠道父母们可以多尝试一下：

● 经常带孩子到动物园、植物园去，和孩子一起观赏各种动物、植物；

● 收看关于可爱的动物、植物的电视节目；

● 观看动物表演，如海豚表演、狮子表演等，欣赏动物们的灵巧可爱；

● 观赏各种花展，让孩子了解各种花卉知识；

● 到不同的城市去，欣赏南方、北方不同的植物与动物，感受大自然的丰富多彩；

父母还可以结合生活实际或家庭环境发现更好的渠道，通过这些方法增加孩子对动植物的喜爱之情。

2. 饲养动植物，增加关爱之情

下面的几个渠道父母也可以多尝试一下：

● 买一只鱼缸放在家里，既可以美化家庭环境，又可以给孩子创造爱护小动物的机会，培养孩子的爱心；

● 给孩子买一只小兔子或者别的喜欢的小动物，让孩子自己去喂养，父母每天和孩子交流一下喂养经验；

● 种植一盆喜欢的花儿，和孩子一起写观察日记，让孩子发现植物也是有生命的，它们会不断给人们带来惊喜；

带孩子到农村去观察家畜或者庄稼，让孩子感受它们给人类带来的帮助。

父母还可以结合生活实际或家庭环境发现更好的渠道，通过这些方法增加孩子对动植物的关爱之情。

3. 认养一棵树或一只小动物

让孩子喜欢动植物，还可以采取认养的形式。例如，带孩子到动物园去认养一只梅花鹿，到植物园去认养一棵小树等。每年的不同时间带孩子去看望它们，让孩子给小动物喂食，给小树浇水，每一次看望对孩子都是一种情感的升华，一种行为的强化。

有一位父亲就做得很好，他平时经常带着孩子去香山玩，一次踏青，他们一家发现那里有一片被认养的腊梅树。每一棵树上都挂着精致的小牌子，有的写着"×××认养，愿和你一起跟春天约会"，有的写着"我们一起成长"，还有的写着"为我们的爱情见证吧！"。女儿围着那些腊梅树转圈，留恋地不肯离开。这位父亲看出了女儿的心思，就带着孩子找到了公园的管理员，提出了认养要求，在填了认养表格之后，他们承诺下一个周六来给认养的梅花树挂牌。

到了挂牌那天，天气很差，一大早就雾蒙蒙的，还刮起了沙尘暴。到了下午该去挂牌的时间，天空居然飘起了雪花，甚至狂风肆虐。太太和他商量说还是改个时间吧，过一周再去。但是女儿却执意地说："我们约好的，我不去梅花树会生气的。"面对女儿的天真话语，父亲答应了，午饭后便顶着风去了香山。当女儿把木牌挂到梅花树上，当这位父亲按下快门，他看见了女儿的笑脸和温柔的眼神。他知道，爱的种子，已经在女儿的心田悄悄地种下了。

4. 用温暖包围孩子

一些情感世界比较冷漠的人，往往不认为小猫小狗是生命，花草更不值得一提，因此才会任意践踏、残害动植物，发泄内心的郁闷或不满情绪。这样的人，在对待他人时也往往冷漠自私，任意妄为。爸爸妈妈们要多与孩子进行交流，与孩子建立平等和谐的亲子关系，经常了解孩子的快乐、烦恼、困难，尽可能地理解孩子，帮助孩子。这样才能使孩子的不良情绪得到疏解，内心变得温柔有爱。好的关系胜过教育，与父母关系和谐的孩子，无论怎样都不会出大问题，因为他们知道后方有爱。所以，多关爱孩子，不要用呵斥打骂等方式对待孩子。只有让孩子生活在爱的世界里，他才能学会爱。另外，爸爸妈妈还要让孩子有更多的机会体验人与动植物之间相互依赖的关系，增进感情。

5. 遵守规则就是爱的行为

爱护动植物已经成为文明社会人类生存的规则之一，生活在现代社会的人，都应该了解这一规则。一些不爱护动植物的人，其实并不是不懂得这个规则，而是不能做到严格遵守规则。因此，父母要多对孩子进行规则教育，当您带孩子去动物园或者其他公共场所时，要教育孩子先了解公共场合的规章制度，严格遵守规则，爱护动植物。爸爸妈妈们自己也不要例外，不要因为喜欢小动物就违背公园的要求随意喂养，不要因为讨厌某种动物就向它扔石子，不要为了个人方便就随意践踏草坪……遵守这些规则，就是爱的行为。

不吃小白兔的大灰狼

中国小动物保护协会会长芦荻教授曾经说过："不要认为扔掉一只猫狗，甚至放任人们去残害它们不是什么大事，这是会在一个民族的灵魂上制造伤疤的。我非常相信年轻的力量，有些年轻人听到了我的情况，会给小动物们送来一两百元钱，我非常感谢他们，因为我觉得他们送来了一个理想，一种爱护动物的价值取向。"首都爱护动物协会会长秦肖娜女士也说："不能想象一个对弱小的动物的生命毫无同情心和责任感，甚至残暴地对待动物的人，能够去关爱宽容他人。同样，世界上任何一个国家也不会等到所有的国民都脱困或是成为富翁之后再去提保护动物。"

可见，爱护动植物，保护动植物，善待动植物已经成为一个人的重要素质。因此，父母要特别注意孩子在这方面的行为习惯，不可轻视，在考察时注意孩子知、情、意、行四个方面的结合，既要做到有良好行为，又要让孩子有良好认知和情感。

知：知道动物是人类的朋友，要爱护它们；

懂得保护动植物人人有责；

知道爱护动植物就是爱护人类自己；

知道生物具有多样性，人类也是生物的一部分；

情：喜欢动植物，爱护动植物；

愿意为保护动植物尽力；

在日常生活中，爱护自然环境；

行：关心身边环境，珍惜自然资源；

在生活中自觉保护动植物，不伤害它们；

主动参与植树活动或者保护小动物等活动；

见到有人伤害动植物，要加以劝阻、批评，或者向有关部门报告。

对爱心养成的评估，父母尤其要站在孩子的角度去思考，不要用成年人世俗的判断伤害了孩子的爱心。《家庭教育》杂志上曾经刊登了一篇文章，读来非常有趣，而且颇有启发意义[1]。

冬冬说："妈妈，我们班的'六一'节表演的是'大灰狼和小白兔'，六只小兔子，一个兔妈妈，还有一只大灰狼。开始，没人做大灰狼，都说大灰狼是坏蛋。我就做了。"

冬冬的节目开始了。音乐一起，兔妈妈蹦蹦跳跳出场，说了句'今天天气真好'，然后对着台内喊：'孩子们出来吃草吧'。小兔们听到妈妈的声音，一边蹦，一边唱，到草地上吃青草。正当小兔们在欢乐中，台后传来

---

①肖存玉. 好心的大灰——鼓励孩子的同情心［J］. 家庭教育（幼儿家长）. 1998（02）

一声狼叫，兔妈妈立即大喊：孩子们，大灰狼来了，赶快回家吧！小兔们跟着兔妈妈往家里蹦。

哎呀，糟糕！一只小白兔摔倒了，大家都在心里喊，快起来呀，大灰狼来了！可小白兔趴在地上哇哇地哭了。大灰狼随着急促的音乐追了过来……

老师和小兔们都急了，下面的戏怎么演啊！正在这时，扮演大灰狼的冬冬已经到了小白兔的身边，他对小白兔说："别哭，我不吃你！"台下观众哄堂大笑。

冬冬一时愣了，他这才感到自己的大灰狼角色没演好，难为情地看着老师。老师走上台笑眯眯地对冬冬说："你做得对！小白兔这么可爱，谁舍得把它吃掉啊！"

这位老师的行为非常让人感动，她用敏锐的心了解了孩子爱护小动物的美好心灵，用宽阔的胸怀保护了孩子的爱心。因此，在对孩子爱护动植物的行为进行评估时，重要的是通过生活中的情境进行。当生活中的一个情境发生时，成年人要学会从孩子的角度考虑问题。在这个故事中，如果老师仅从演戏的角度去理解孩子的行为，她就会批评孩子白练了那么久，上场后还演成这样！孩子爱护小动物的善良之心就会受到伤害，也许在未来，他会变成一个对小动物无动于衷、甚至残害它们的人。所以，父母要多关注孩子的细小行为，从他对待小动物、一花一草的行为，从他对待小伙伴、家人的行为中了解孩子的心地和情绪，并及时进行引导。

也有的孩子会因为保护动物而不吃羊肉、猪肉等肉类食品，有些人每天只吃素菜、豆制品，绝对不沾荤，甚至连牛奶、蜂蜜都不喝，绝对不用动物制品，他们被称为"素食主义者"。他们热爱动物的精神是可嘉的，但是他们的这些做法也有不妥当的地方。从身体营养平衡的角度来说，人每天还是要食用一定数量的肉类食品。因此，父母可以和孩子讨论这类问题，引导孩子既遵守《中华人民共和国野生动物法》的规定，不食用或虐待国家保护的动物，又能够均衡饮食，养成爱护动植物的好习惯。

第五章
宽容让你拥有真爱

爱和宽容是我们的两只眼睛

苏杭是天津市文联一级作家，她因为生病常年卧病在床。但她却很会教育孩子，女儿刘苏多次被评为优秀三好学生，她的优秀的家庭教育经验曾作为"苏杭教子"广为传播。至今，她已应邀做各类家教报告100多场，并先后被评为天津市优秀父母和全国三八红旗手，她的家庭也被评为全国五好文明家庭标兵。

在总结家教经验时，苏杭主要介绍了她对女儿进行的宽容教育。她说："不懂宽容，无情无友；过分宽容，无尊无信。这也是我送给女儿的一句话。我每个月都送女儿一句话，这对孩子养成好习惯非常重要。"

记得曾在报上看到一段话，作者的名字已经不记得了，但对那段话却至今记忆犹新。作者说：爱与宽容好比是我们的两只眼睛，眼睛能看到世界上一切的美好事物。用你的爱和宽容来看待生活，注意你周围的人，不要只爱你自己。爱自己本无错，若把对自己的爱变成永无止境的爱，那么你的心中只有自私，而无宽容。没有了宽容的爱，是你恶念的开始。

是啊，我们要培养孩子爱的习惯，这固然很重要，但宽容犹如人的另一只眼睛，因为有了宽容，才能看到更宽阔的世界，人的视野和胸怀也会因此更加宽广。相反，如果只有一只眼睛，只懂得爱，只把爱的目光集中在自己身上，那么爱就变成了自私，爱反而容易成为伤害他人的武器。所以，我们在培养孩子真爱的良好习惯时，一定要特别注意让孩子学会宽容。只有懂得宽容的人，才能真正懂得爱，也才能真正地去爱自己，爱他人，爱集体，爱社会，他也会因此而获得真正的爱。

宽容才能使人拥有真正的爱，使人懂得爱与被爱。宽容首先使人心胸豁达，能客观地去看待身边的人和事，不求全责备；宽容使人认识到尺有所长，寸有所短，金无足赤，人无完人，有这样心态的人将会是一个快乐的人。他会对自己充满信心，会真正地接受别人的爱，也会豁达地去爱他人。宽容使人真诚地付出自己的爱，用宽容所付出的爱，以后的日子里总会得到回报；而且，宽容的人不求回报，即使得不到任何回报，他依然会很宽容，这样的人生活会更轻松更快乐；宽容还是我们在当今世界生活的通行证，因为无论你走到哪里，人们都不喜欢斤斤计较、喋喋不休的人。因此，我们说宽容也是一种爱，有了宽容的人才懂得爱别人，这样的人也才能更爱自己。

学会宽容前先说服自己

宽容说起来容易做起来难，真遇到让自己憋屈的事情时谈宽容，常常让人难以接受。例如,孩子在学校里被同学冤枉或欺负了,让孩子宽容同伴,可能孩子会觉得太窝囊。如果孩子在学校里被一些人侮辱人格,还大讲宽容,说明孩子是非不明。因此,要养成宽容的好习惯,首先要在认识上和情感上接纳宽容,并对宽容的标准有正确的理解,这样才能真正宽容有度。

1. 教会孩子心理换位

心理换位其实就是我们经常说的换位思考,也就是考虑问题时要学会站在他人的角度去思考,想想对方遇到这样的事情会怎样做,怎样想,他们的心态会怎样。如果我们能够经常做到站在别人的立场上去思考问题,就会减少很多矛盾。有时候,矛盾之所以产生,是因为大家总希望从自己出发,总是想着"他这样做对我太不公平"、"这件事让我太丢脸了"、"我这次太吃亏了",而没有想到"他这样做也许有他的理由"、"这件事也许另有原因"、"他们也许是不得已才这样做的"等等。

人们在看到自己或别人的行为时,总是希望寻找行为背后的原因,这就是社会心理学家们所说的"归因"。为什么人们思考问题时总是爱从自己出发呢?因为人们都对自己的情况最熟悉,对别人的情况不够熟悉,因此在考虑问题、处理问题时往往站在自己的角度,而很少考虑对方的因素和想法。

遇到一件事情,人们的归因方式往往是不同的。社会心理学家们研究发现,很多人在归因时都存在一定偏差,例如,对别人干的好事喜欢外归因,也就是认为他之所以做了这些好事,是因为外界因素的影响,比如,给的钱多,为了赚取表扬等;而对于别人干的不好的事,希望内归因,就是把因素归为内部,认为这个人品质不好,心地险恶等。反过来,对自己干的好事,则喜欢内归因,认为自己品质好,心地善良;而对于自己干的不好的事,却喜欢推到外部因素上去,如因为堵车才迟到,因为大家都那么吵闹自己才不遵守纪律,因为他们都不排队自己才加塞儿的。

要改变这种内归因与外归因的差异,最好的方法是"心理换位"。所以,父母要让孩子学会多从他人的角度去考虑问题。

例如，儿子回来气愤地说今天老师冤枉了他，父母在安慰孩子之余也要帮助他分析，为什么老师冤枉了他呢？是老师故意的吗？还是老师没了解情况？还是孩子自己没有把情况说清楚？或者因为老师生病了没时间了解情况？是老师一次冤枉了他，还是经常冤枉他？如果是经常被冤枉，原因在于老师还是孩子自己？

再例如，女儿说奶奶真是爱唠叨，一个晚上没完没了地说话。妈妈也不要急着发表见解，可以和孩子一起分析一下奶奶为什么这样爱唠叨？她唠叨的内容是什么？是因为很少有人去看她？是因为女儿在奶奶家不听话？是因为奶奶过于关心女儿？

父母帮孩子分析的过程，其实就是在教会孩子换位思考。这犹如下棋一样，刚开始学下棋的人，往往只会考虑自己该走哪一步，却不考虑别人怎么走。下棋次数多了的人就会明白，只有多考虑别人会怎么走，你的棋下得才更有水平，因为你知道了该怎样应对对方。与人交往也是如此，只有多想想对方想什么、为什么这样做，做人做事才能更懂得宽容。

2. 和孩子一起找优点

如今很多孩子都是独生子女，是父母和爷爷奶奶的心肝宝贝，几个人围着他一个人转。即使不是独生子女家庭的孩子，也承接了父母太多的爱，父母总是喜欢把很多赞美的语言留给孩子。例如，有的父母经常说："宝贝你真棒！""我儿子太聪明了，简直是世界上最聪明的孩子！""女儿，你最可爱了，妈妈最爱你！"父母的这些溢美之词，当然是出于对孩子的爱。这是可以理解的，但如果过度地夸赞孩子，往往会让孩子们变得目中无人，唯我独尊，仿佛天下我老大，看不到他人的优点。这样的孩子容易形成任性、自私、独裁的性格特点，难以宽容对待他人。

有的父母一听到孩子同伴的名字，就会说："他学习好吗？学习不好别和他玩，别把你带坏了！"要么会说："那孩子有什么好的？那么邋遢，你怎么能和他玩？"这样做，会使得孩子只看到自己的优点，看不到他人的优点。因此，建议父母们用平常心对待孩子，经常和孩子一起找找小伙伴的优点。孩子回家后提到班里同学的名字，父母们可以随机问问："他有哪些优点呢？"然后和孩子一起讨论讨论这些优点，还可以请孩子讲讲能证明小伙伴优点的故事。这样做，主要目的是给孩子一个发现他人优点的契机，让孩子懂得每个人都有自己的优点，每个人都值得他人学习。这也是在教孩子多角度看问题。

这样的谈话要经常进行，关键在于父母做个有心人。带孩子出去玩的时候、孩子提到同伴名字时、孩子请伙伴回家玩时、庆祝某个同学生日时，都是提醒孩子发现他人长处的好机会。

3. 帮孩子了解差异开阔视野

宽容的人之所以宽容，是因为他们能够容纳很多与自己的想法、利益相冲突的行为和态度。因此，建议父母要多带孩子到外面的世界走走，让孩子看看大千世界，了解世界的多样性和纷繁复杂性，让孩子知道在我们的生活之外，还有很多不同的人，他们对生活有不同的态度，有不同的活法。

有些父母不喜欢带孩子到外面的世界去，总希望孩子在家里看书，认为带孩子出去是一件劳心劳神的事情，孩子太小又不懂得多少事情。这样的想法其实是比较狭隘的，带孩子到外面走走，他不仅可以见到不同的风景，更可以感受不同的人文，了解生活中很多与自己不同的事物。在外出的过程中，父母还要多和孩子交流，引导孩子多方位、多角度去看问题。

当然，如果没有条件带孩子经常外出，也可以用别的办法开阔孩子的视野。例如，和孩子一起看些专题片、电视短剧、新闻报道等，并经常交流对生活、对人际交往、对事物等的看法。主要目的是引导孩子接受多元文化，树立平等、尊重的观念，了解人与人的差异，事物与事物的差异，从不同角度看问题。

宽容的三条原则

1. 宽容以尊重信任为基础

让孩子学会宽容，不是做一个"好好先生"，任何事情都没有自己的态度，而是出于真正的信任和尊重，理解他人，给他人争取做得更好的机会。这是宽容行为的第一标准。

一位教师至今记得自己小学五年级时发生的一件事，那时候，他是班长，有一回因为贪玩忘记了写作业。第二天，他特别害怕老师会当众批评他这个班长没带好头。然而，令他吃惊的是，老师没有批评他，而是采取了宽容的方式。只听老师说："昨天除了班长因为身体不太舒服没做作业外，其余同学都能按时完成作业，今后可要持之以恒啊！"说完以后，老师用慈爱的目光注视着他，仿佛在说：老师相信你能改掉偶尔出现的小毛病！正因为老师的宽容是建立在信任的基础上，是老师在保护孩子的自尊心，维护班长的威信，是老师宽容孩子偶尔出现的错误，因此这位学生说："我当时真是百感交集，既感激又内疚和自责。从此，我对自己要求更严了，对工作更负责了，对老师更尊重了。试想，假如张老师当众大声训我，讽刺我，其效果又会如何呢？"

2. 宽容要以正义为原则

有的父母担心，教孩子宽容会不会让孩子变得胆小无能太窝囊？或者变得是非不分，一味地退让，甚至对错误也听之任之？这的确是值得我们关注的问题，在引导孩子养成好习惯时，要特别注意这些倾向。这是因为小孩子思考问题和做事情时往往爱钻牛角尖，他们很容易把宽容待人理解为就是对别人好，从而失去判断是非的基本原则。例如，同学请他代写作业，他觉得这是"宽容"；同学考试作弊，请他不要检举揭发，他认为这是"宽容"；同学损坏了班级的公共财物，老师正在调查情况，他却沉默不语，以为自己是"宽容"。因此，父母在培养宽容良好习惯时要建立在明辨是非的基础上。让孩子学会宽容却不胆小窝囊，宽容他人却不容忍罪恶，这是成年人在培养习惯时要注意的第二个标准。

前面介绍的优秀母亲苏杭就很注意这一点，她一方面培育孩子宽容仁爱的好习惯，另一方面又特别鼓励孩子坚持正义。苏杭用自己的实际行动教会了孩子宽容也是有原则的，宽容并不等于窝囊，也不等于老好人、市侩，更不等于为虎作伥。

3. 宽容谦和也要学会自我保护

一位母亲很想教女儿可可从小要学会谦让宽容，但是现实生活却让这位母亲忧心忡忡。她发现女儿经常在幼儿园被同学欺负。那时，可可还在上幼儿园小班，妈妈去接她时发现她脸上有几道血痕。当时也没在意，以为是小朋友不小心弄的，只是问了几句就过去了。第二天，妈妈发现女儿脸上又多了几道红红的新伤，就关心地询问起来。女儿说是幼儿园的一个小男生老是摸她的脸，还使劲儿用手捏。女儿说"讨厌"，他就用手抓。听到这里，妈妈很生气，但是又想到要让女儿学会宽容，于是就说："他肯定是见你的脸蛋圆嘟嘟、胖乎乎的很喜欢才想摸摸，你只要告诉他轻一点，我想以后他就不会抓了。试试好吗，宝贝？"

这位妈妈的做法并没有让孩子学会宽容，反而让孩子继续受到伤害。几天之后，女儿的小脸又伤痕累累了。没办法，妈妈只好给幼儿园老师打电话，希望老师能帮忙教育那个小男生。老师对此也很无奈，只能唉声叹气。这位妈妈说："最后我只有告诉女儿一个不是办法的办法：三十六计走为上策。除此之外，身为教师的我黔驴技穷了，我总不能叫她还手吧？更何况可可不一定是他的对手！"

这位母亲的担忧不是没有道理，很多父母在培养孩子宽容好习惯时，都会产生这样的担心：孩子太窝囊怎么办？遇到危险怎么办？因此，在培养宽容好习惯时，还要注意的一条原则就是要教会孩子在谦和有礼、宽容友善的同时，要学会自我保护。有了自我保护的本领，才能更好地去宽容他人。

有了上面的三条原则或者标准，孩子们在形成良好习惯的时候就不会变得窝囊、不明是非、没有做事准则了。

父母要先给孩子宽容

日本教育家福泽渝吉说：家庭是习惯的学校，父母是习惯的教师。父母的一言一行，孩子都看在眼里。因此，要给孩子做个好榜样，重要的是体现在日常行为中。父母对待身边人的宽宏大量，甚至父母说话的语气，都会让孩子感受到宽容的美德。父母在教育子女时，也要用宽容的态度对待他们的成长，父母先给孩子宽容，孩子才能大度地对待他人。

1. 买个芭比娃娃当妈妈

一位母亲带女儿去商场，两个人留恋在芭比娃娃的柜台前。女儿突发奇想，问母亲："妈妈，如果有个布娃娃和您长得一样，您说我会不会买？"母亲想了想说："不会买。""为什么？"女儿问。"因为你一定觉得我长得丑啊，没有芭比娃娃漂亮。"母亲有些自卑地回答。"不，我肯定会买的！""为什么？"现在是母亲在问女儿了。

"你猜猜！"女儿说。母亲一听，心里暖和了很多。她想女儿一定是希望自己不在家的时间里抱着布娃娃仿佛抱着妈妈，或者女儿希望经常看见妈妈！可是，当母亲说完这个想法以后，女儿却说："哼，才不是呢！我也买个妈妈，你再揍我的时候我生气了可以去揍她！"女儿的话，让母亲几乎无地自容。

从这个有趣的小故事您可以看出，母亲的言行已经对孩子有了影响，她虽然不敢去揍妈妈，但她却想把自己的恨报复在布娃娃身上！可见，这位母亲在家中一定是揍过孩子，或者经常揍孩子的。

父母要宽容地对待身边的人，不仅体现在行为上，还要体现在语言上。例如，有的父母在家里说起单位里的事、邻居家的事，总是恨恨的，似乎同事们、邻居们都和他有仇，这样做的结果，也给了孩子不好的印象，让他们用仇视的心理对待他人。因此，成年人要教会孩子宽容，自己先要学会宽容，待人待物温和友善，孩子自然也会看着父母的背影，变得彬彬有礼的。

2. 苏霍姆林斯基和摘花女孩

教育家苏霍姆林斯基有句名言，他说："有时宽容引起的道德震动比惩罚更强烈"。面对孩子的错误，成人未必都要用惩罚的方法去解决问题，有时候宽容反而更有力量。苏霍姆林斯基就智慧地用宽容的方法对待犯错的学生，不仅很好地教育了学生，也给学生树立了宽容的榜样。

有个女孩名叫季娜，读小学一年级，因为奶奶生病，季娜很想采一朵鲜花送给奶奶，好让奶奶在病中得到一些欢乐，减少一些病痛。可是，寒冬腊月里哪儿有花朵可采呢？无奈中女孩儿想到了学校的花房。花房里有很多花儿，最美的一朵菊花被全校的同学命名为"快乐之花"，季娜来到花房采下了"快乐之花"。正当这时，苏霍姆林斯基走进了花房，看到季娜手里握着的菊花，大为吃惊。因为学校里早就有规定，学生不能采花房里的花。苏霍姆林斯基本想批评这个女孩，但是当他了解了女孩采花的原因后，苏霍姆林斯基没有批评她，反而奖励她再多采三朵。他对季娜说："一朵给你，为了你有一颗善良的心，另外两朵送给你的父母，为了他们教育出了一个善良的孩子。"

正因为苏霍姆林斯基用宽容去对待孩子的错误，我们才感受到一位教育家的教育艺术。相信在老师的宽容下，季娜以后绝不会再去学校的花房折花了！苏霍姆林斯基教育的成功之处，不仅体现在一个教育家对于纯真孝心的爱怜与爱护，对于关心他人良好行为的肯定与鼓励，对于善良的赞叹和褒奖，还体现在他用自己的爱心和宽容去培养一个具有美好心灵的、懂得宽容的学生。

现代社会需要合作，宽容是合作的重要前提。学会了宽容，才能宽厚待人，化解矛盾，消除隔阂；学会了宽容，才能心情舒畅，轻松生活，拥有和谐的人际关系。因此，用宽容的态度对待孩子的错误，不仅是成年人的智慧，也是成年人的职责。只有让孩子经常生活在宽容、赞叹、同情、鼓励、理解中，他们才会将这些优秀品质牢记心中，并渐渐养成这样的良好行为习惯。

让心灵感动与温暖

想培养懂得宽容的孩子，一定要让孩子生活在宽容中。如果在一个充满任性、忌恨、猜疑、冷漠、贬低的环境中长大，是很难培养出宽容心态的。所以，父母还要特别重视营造宽容和谐的成长环境，让孩子的心灵始终暖暖的，那么他也会温暖地对待他人。

1. 不要娇宠孩子

娇宠往往导致任性，一个任性的孩子是难以宽容他人的，因为在他的心目中是唯我独尊的，他的行为也表现为高度自我为中心，想干什么就干什么，他人也要按照自己的意志去办事。产生任性的原因一般有两个方面，一是孩子受认知水平的限制，不善于从其他人的角度考虑问题，只考虑自己的需要和情感，尤其是低年龄段的孩子。二是由于家庭教育方法不当，父母对孩子过分溺爱，百依百顺，甚至明明是不合理的要求也迁就答应，养成了孩子以自我为中心的习惯。一旦有不顺心的事，孩子就会大哭大闹，直到父母让步为止。这样的孩子自然难以用宽容之心对待他人，因为宽容首先必须放弃以自我为中心。

父母不要过于娇宠孩子，不要在家里给孩子特殊的地位，全家人围着孩子转。爱孩子但不溺爱，遇事要多和孩子交流和讲道理，让孩子懂得尊重他人意见。同时，父母也要学会尊重孩子的意见，多倾听他们的想法，给孩子表达意见的机会。孩子在受到尊重的前提下会渐渐形成尊重他人、理解他人、宽容他人的行为。因此，民主的家庭环境对形成孩子的良好习惯尤为必要。

2. 与家庭成员、邻里之间和谐相处

中央电视台有一则公益广告，如今已经妇孺皆知，让人无法忘记：一位母亲辛劳之后还端来一盆热水，给母亲洗脚。儿子在一旁悄悄地看着，然后他学着妈妈的样子，也端来一盆水，要给自己的母亲洗脚。这个公益广告告诉我们，好父母是孩子的榜样。家庭成员、邻里之间和谐相处，就是为孩子提供了一个健康成长的环境。

一位老师也讲过另外一件亲眼目睹的事情：一个打扮入时的中年妇女带着儿子走在路上，一个男子骑车经过时，不小心碰了她的胳膊。于是这位妇女与那个男子吵了起来。后来，那个男子实在受不了妇女的辱骂，就骑上自行车走了。可这个妇女还是不依不饶，追着车子大骂。原先牵着妈妈衣角，怯怯地看着大人吵架的那个小男孩，也受了妈妈的"鼓励"，竟然也学着妈妈的样子，追着车子大骂。

可见，要孩子学会宽容，成年人也要与家庭成员、邻里之间和谐相处，这种友爱温暖的家庭环境与生活环境，对孩子的行为是一种熏陶和塑造。

3. 不要过度强调竞争

心理学研究表明，在群体生活中，待人友善、乐于合作的孩子往往人际关系更协调，能更好地运用自己的优势和他人的长处。相反，那些不懂得合作的孩子，往往更爱挑刺儿，人际关系也更紧张。

当代社会，竞争固然重要，但家庭教育中不可过度强调竞争，应让

孩子学会与人合作。合作是有规则的，孩子在与人合作中会慢慢理解宽容的价值。例如，关注孩子的成绩而不过度比较孩子的成绩，更不要让孩子把竞争对手当作敌人，要帮助孩子发现竞争对手身上的可贵品质，向对方学习。

在交往中学会宽容

宽容是人与人之间和谐相处的润滑剂，要修炼宽容的心态，光靠爸爸妈妈和老师的大道理是不行的，还需要让孩子回到人际交往中去，在交往中学习宽容，形成习惯。尤其对于独生子女家庭来说，更需要让孩子在交往中学会宽容。

1. 斯坦福大学的由来

斯坦福大学是世界名校，它的由来还有一个意味深长的故事，爸爸妈妈们也可以讲给孩子听：

还是在120多年以前，有一对老夫妇来到著名的哈佛大学，他们请求拜见校长。秘书看到老夫妇穿着简单土气，认为这两个老人一定是来找麻烦或者请求帮助的，自作主张地告诉他们校长不在。两位老人很执着，他们说："没关系的，我们可以慢慢等。"几个小时过去了，这对老夫妇仍然不走，无奈秘书只好去报告校长。校长出来一看，真的是两位土气的老人，于是傲慢的表情爬上面部。

这时，女士告诉校长："我们有一个儿子曾经在哈佛读过一年书，孩子非常喜欢哈佛。但是去年，他因意外而死亡。我和我的丈夫想请求校长帮忙，允许我们在校园里为儿子留点纪念物。"校长一听傲气地说："我们不能为每一位在哈佛读过书的、死亡的人树立雕像，如果那样，我们的校园岂不成了墓园？"女士赶紧解释说："我们不是要树立一座雕像，而是想捐一栋教学楼给哈佛。"

校长把两位老人从头到脚打量了一番，看到他们身上穿的不过是便宜的条纹棉布衣服、粗布西装，于是一脸不屑地说："你们知不知道建一栋教学楼需要多少钱？我们学校的所有建筑物价值超过 750 万美元。"

谁知女士一听这话，立刻高兴地对丈夫说："原来建一栋教学楼才 750 万美元呀，那我们为什么不建一座大学来纪念咱们的儿子呢！"于是斯坦福夫妇离开了哈佛，在加州创立了今日蜚声世界的斯坦福大学。

傲慢与偏见使哈佛大学与大笔捐助擦肩而过，也成就了今日的斯坦福大学。这个故事告诉我们，不能用偏见对待他人。孩子在学习宽容时，先要养成公正客观的心态，要多发现他人的优点，赏识他人，这样才能从心底里接纳他人，接纳宽容。

父母要多创造机会，让孩子和伙伴在一起。同龄伙伴是孩子社会化的重要途径，他们在与伙伴交往中学会了交往规则，学会了与人相处的方法，也了解到人与人之间有很多相同之处，又有很多不同之处。当孩子和伙伴交往时，父母也要教会孩子多看他人的优点。和孩子谈论他的伙伴，父母要用欣赏的眼光和语气，多赞扬小朋友的优点，不要对孩子的朋友过于挑剔，更不要把自己的偏见夹在其中。例如，"他学习不好，别和他交往"、"他爸爸是收废品的，你和这样的人来往，有什么出息啊？"等等，都会让孩子受到偏见的影响，对人对事的看法偏激，也会让孩子渐渐形成以自我为中心的做事习惯。

2. 怕孩子吃亏的爸爸

《孩子》杂志曾刊登过这样一个故事，读来很耐人寻味。

故事说的是一个名叫绍刚的男孩，他的父亲工作踏实认真，勤勤恳恳。可是，由于为人过于老实，即使是属于自己的利益也不争不抢。后来，单位的效益不好，需要辞退一部分人，绍刚的爸爸下岗。当他重新找到一份工作后，这位父亲开始反思自己的过去，他认为不能让儿子以后也像自己这样，在社会上没有任何竞争能力。他认定，一定要懂得如何去拼去抢，不吃亏，才能出人头地，才能取得应该取得的利益。所以，绍刚懂事后，所接受的就是这样的教育。渐渐地，绍刚形成了非常强烈的自我性格，什么事情都不肯吃亏。

一次，幼儿园里组织绘画比赛。绍刚是他们所在班的队长。在他的带领下，他们班的小朋友冲进了决赛。绍刚认定，自己班一定会取得决赛的胜利。然而，在争夺冠亚军的比赛中，绍刚他们却输了。这让他感到非常不舒服，把他认为在比赛中没有尽力的几个小朋友都骂哭了，还动员所有的小朋友都不理他们。后来，绍刚竟然跑到园长室，要求园长奶奶重新进行比赛："我们肯定不会输！"当父亲听到这件事时，竟然表扬了绍刚。他认为这件事让绍刚在幼儿园小朋友中脱颖而出，就连园长奶奶都认识他了。

然而，绍刚的爸爸过生日那天发生的事情，却让他们后悔不已。那天，爸爸请来了亲朋好友一起庆贺。吃饭的时候，绍刚把自己喜欢吃的菜，拨到碗里。绍刚的妈妈看不过眼，把他手里的菜抢过来，放到桌子中间。绍刚没说什么，只是白了妈妈一眼。"菜要大家吃，"妈妈批评他，"你怎么可以这样做呢？""这是我家，"绍刚振振有词，"我吃我家的菜！"

绍刚爸妈只好难堪地笑笑，让已经吃饱了的绍刚，带着亲朋带来的小朋友进房间里去玩。开始时，房间里还有说有笑，没过多久，忽然间，就有小朋友的哭声传了过来。原来，绍刚因为不喜欢其中一个小朋友，就把那个孩子的玩具抢了过来……

一些父母总怕孩子吃亏，经常在家里对孩子进行不吃亏的教育，例如，"咱在外面可不能当个熊包，要打得过别人！""别人打你，你就打他，窝窝囊囊可不是男子汉！"在这样的教育下，孩子自认为天下我老大，养成了骄纵蛮横的心态，自然难以宽容他人。父母要舍得让孩子吃点儿亏，孩子在吃亏过程中会了解人与人相处的规则，并懂得换位思考。

3. 爱迪生的感谢

大家都知道，大发明家爱迪生一生取得了1039项发明专利权，对人类做出了重要贡献。他从小酷爱化学，为了赚钱购买化学药品和设备，他很小就开始了工作。12岁时，他获得了在列车上卖报的工作。然而，不幸的是，有一次，当他正力图登上一列火车时，被一位列车员粗暴地打了几个耳光，这一行动使爱迪生成了聋子。当爱迪生成了发明家之后，曾有人问他：您对小时候打聋您耳朵的那位列车员怎么看？令人意外的是，爱迪生并没有辱骂那位列车员，而是幽默、机智地回答道："我感谢他，感谢他给我一个无人喧嚣的环境，使我能够专心致志地完成更多的实验、发明！"爱迪生能够宽容对待这位列车员，和他看问题的角度有很大关系。如果他只看到自己受到伤害的一面，看不到问题的另一面，就会怀恨在心，耿耿于怀。因此，父母要教孩子换个角度看问题，了解问题的多面性，这样才能具有更开阔的眼界和心胸，更多地看到问题的积极方面，也更有可能产生宽容的心态，形成宽容的行为。

4. 一起做个小测试

懂得宽容他人良好习惯的养成效果，从知、情、意、行四个方面进行评估的指标：

知：知道自己只是家庭或集体中的普通一员；

　　了解每个人都有优缺点，人无完人，金无足赤；

　　知道经常使用换位思考方法；

情：用欣赏的眼光看待身边的人和事；

　　坦然接受他人的缺点或弱点；

　　朋友有错误时能及时原谅；

意：和他人交往时不是总是担心自己会吃亏；

　　遇到委屈能大度地对待；

　　被他人冤枉了能有话好好说；

　　和朋友有了矛盾后不记仇；

行：不跟父母、老师或者伙伴提出过分要求；

能与伙伴团结友爱，在玩耍中能享受共同的乐趣；

做事不斤斤计较，及时帮助有缺点的人。

下面的10个小问题，是考察宽容度的，您不妨和孩子一起测一测，这样既可以了解您是否是个宽容的人，是否能给孩子做出好榜样，也可以了解孩子的现状，并抓住问题加以引导。

请对下列问题做出"是"或"否"的选择，每题答"是"记1分，答"否"记0分：

1. 我觉得有些人经常故意跟我过不去。

2. 当我向熟人打招呼，他们却没有听见时，我觉得难堪。

3. 有的人总是爱显摆自己，我很瞧不起他们。

4. 我身边很多人都太庸俗了，我才不想像他们那样去生活。

5. 当我做完一件工作或者取得好成绩时，得不到他人的赞赏，就会让我感到很沮丧，甚至想发脾气。

6. 有很多人自己不怎么样，却总是喜欢嘲讽他人，我不喜欢和这样的人交往。

7. 有的人笨头笨脑，反应迟钝，我讨厌这样的人。

8. 有些人做事明明方法不对，还非要别人按着他的意见行事。

9. 和事事争强好胜的人待在一起使我感到紧张。

10. 有的人成天牢骚满腹，而我觉得这种处境全是他们自己造成的。

各题得分相加，统计总分。

7~10分，说明您缺乏一定的宽容精神，做事不够灵活，还需多多努力哦！

4~6分，表明你具有常人的心态，虽然生活总会遇到一些不顺心的事情，但总的来说还能容忍；

0~3分，说明外界的纷繁复杂很难左右你平和的心态。

第六章
付出爱才最快乐

卖羊肉串的新疆大叔

2011 年 7 月 16 日，人民大会堂正在颁发"中国慈善奖"，这是政府对热爱慈善事业的人的最高奖项。一位维吾尔族打扮的中年男人走上台，他自我介绍说："我叫阿里木江·哈里克，来自新疆维吾尔自治区和静县，维吾尔族，大家都叫我阿里木。"他就是在贵州省靠卖羊肉串助学的新疆大叔。他的事迹感动了很多中国人，大家都亲切地叫他"卖羊肉串大叔"，还有人称他为"卖羊肉串的慈善家"。

阿里木之所以获得了中国慈善奖，是因为他靠卖羊肉串资助了很多大学生。有人被他感动，有人嘲笑他傻。阿里木在贵州租房子住，自己家穷得叮当响，身上穿的毛衣才 15 元钱，一顿饭只吃一个馕，喝一杯开水。但是，他却省下钱资助当地贫困的大学生。

阿里木为什么这样做呢？对此，阿里木讲起了自己的故事："我 1971 年出生，父亲早逝，母亲拉扯我们 7 个兄弟姐妹艰难长大。为了生计，1997 年，我背着烤肉炉子踏上南下的火车，开始了打工生涯。2002 年年初，我揣着仅有的 10 块钱，流落到贵州毕节市。在我人生地不熟、陷入绝境时，一位酒吧的汉族老板伸出援手，借给我 100 块钱。靠这 100 块救命钱，我开始了在毕节卖烤羊肉串的生活。"

阿里木用酒吧老板给的 100 元做本钱，在酒吧附近卖起了羊肉串。正是因为得到了汉族酒吧老板的帮助，阿里木的生活渐渐改善起来。他的心里充满了感激。2002 年 4 月，当他经过贵州镇远县时，突然碰到了森林火灾，他毫不犹豫地冲上去参与救火。山火被扑灭了，当地政府给了他 300 元奖金。

拿着这笔奖金，阿里木的心里很不安。他觉得救火就是他应该做的事。当他来到毕节时，是大家的帮助让他生活好起来。现在遇到山火，他能不救吗？后来，一个偶然的机会，他了解到有位大学生正面临辍学。这让他想起了自己的成长。由于小时候家里穷，没有钱供他读书，所以他只能辍学去卖羊肉串。他决定把得到的钱捐给即将失学的大学生。于是，他又加了 200 元，把这 500 元助学金送到了大学生手里。大学生颤抖地接过助学金，眼里含着泪花，这让阿里木震撼不已。他没想到，500 元竟然能帮助一个大学生上学！

从那以后，阿里木就开始了助学之路。他把卖羊肉串的钱凑齐了 5 000 元，送到贵州毕节学院，希望能资助贫困学生。学校开始很为难，毕竟 5 000 元太少了，哪个助学金不是几万甚至几十万？但是，学校被阿里木的爱心感动，又追加了 5 000 元，设立了阿里木助学金。第二年，他又节省了 10 000 元，在贵州大学设立了助学金……就这样一年年下来，阿里木已经把卖羊肉串的积蓄共 10 万元陆续捐出去，帮助了几百名大学生。

因为受到他人的帮助，让阿里木在贵州生活下来，也让阿里木成长为一个乐于助人的人。如今，阿里木把这份爱心传递下去，再来帮助当地的学生。有人认为阿里木这样助人为乐太累，何必呢？自己的生活好不容易有了起色，干嘛不去过自己的幸福生活呢？但是阿里木却认为，帮助他人不是空洞的口号而是幸福的秘诀。这让我们想起了美国积极心理学之父马丁·塞利格曼教授的话：一旦达到一定的生活安全水准，财富对幸福的提升作用就会大幅减少。在我们测试过的所有方法中，帮助别人是提升幸福感最可靠的方法。

愿意为他人付出爱的人，首先是一个充满爱心、具有同情心的人。为他人付出爱，甚至为那些素不相识的人付出爱，这是一种大爱精神。这种情感和行为关注的是一个大的世界，而不仅仅是身边的人，身边的事。他对爱的理解和感悟已经比较深刻，能够急他人之所急，痛他人之所痛。

愿意为他人付出爱的人，往往是一个具有责任心的人。研究表明，责任感强的孩子往往能给自己提出更高的成就目标，在追求成就的过程中主动性更强，能更好地完成学业任务，更能积极主动地关心他人和集体。而一个责任心缺乏的孩子，大多是懒散的，缺乏成就动机，在学习上比较被动，不主动关心人，害怕承担责任，害怕接受挑战。因此，通过培养孩子对他人的关爱，能很好地提高孩子的责任心，增强他们的责任感。

愿意为他人付出爱的人，是一个社会认知良好的人。心理学研究表明，懂得关爱的孩子大多能更好地认识自我和他人的能力。对他人的认知和人际关系的理解是孩子社会认知的基础。良好的社会认知源于孩子良好的自我认知和人际认知。良好的社会认知是孩子良好社会交往的关键。孩子在社会交往方面遇到的许多问题大多源于社会认知上的偏差或偏离。因此，培养一个有爱心的孩子，可以有效提高孩子的社会认知，是有效解决孩子社交困难的主要途径。

愿意为他人付出爱的人，是一个受欢迎的人。懂得关爱的孩子会赢得同伴的更多信任，会有更多的朋友，能更好地与人建立起合作与信任。如果孩子生活在一个充满伙伴关爱的集体中，孩子们之间就能建立起真诚的友谊，孩子的亲社会行为就会更多。相反，在一个过于强调自我的、缺乏关爱的集体中，孩子们之间的矛盾和冲突会更多，孩子之间的欺侮现象时有发生，更容易形成小团伙，甚至沾染不良习气。

因此，我们在培养孩子爱自己、爱父母、爱集体的同时，还要教会孩子为社会奉献爱，让孩子感受到付出的快乐，并形成良好的行为习惯。

助人为乐的前提是尊重

爱心奉献也需要智慧，需要先在道理上明白，才能转化为行动。人与人之所以要互相帮助，是因为每个人都有强项，也都有弱点，这世界没有谁能包打天下。经常换个角度看问题，将心比心，才能在心理上真正去帮助他人，也才能真正愿意接受他人的帮助。让付出更坦然，让奉献更真诚。

1. 哲学家和船夫

为他人付出爱心，不能仅仅建立在可怜对方的基础上。可怜不是爱，可怜他人是居高临下的施舍。爱首先要懂得尊重他人，在人格上与他人平等。而要建立平等的人际关系，就需要看到人与人的差异，更看到人各有长处。如果用鄙夷的心态去看待他人，是难以付出真爱的。

有这样一则故事很有哲理，它告诉我们，人各有所长，我们要学会尊重他人：

一位哲学家与一个船夫之间正在进行一场对话。

"你懂哲学吗？"哲学家高傲地问。

"不懂。"船夫说。

"那你至少失去了一半的生命。"哲学家说。

"你懂数学吗？"哲学家又问。

"不懂。"船夫老实地回答。

"那你失去了 80% 的生命。"哲学家又说。

突然，一个巨浪把船打翻了，哲学家和船夫都掉到了水里。

看着哲学家在水中胡乱挣扎，船夫问哲学家：

"你会游泳吗？"

"不……会……"哲学家有气无力地说。

"那你就失去了 100% 的生命。"

在这个故事中，哲学家和船夫谁更有本领？我们很难判断，因为每个人都有自己独特的本领，关键要看用在什么领域。在哲学领域，哲学家是行家；在水的世界，船夫才是行家。父母要多给孩子读些这样的小故事，或者多和孩子讨论类似的问题，多提供机会让孩子认识到每个人都有自己的优点，即使是那些贫穷的人、落后的人、生病的人、残疾的人，他们虽然在地位上、金钱上、身体上、智力上与他人有差异，但在人格上与他人是平等的。只有认识到人与人是平等的，人人都是有尊严的，我们在帮助他人时才会心甘情愿，才能真正快乐。

2. 换位思考感受他人的处境

换位思考能力就是想象他人的想法和感觉的能力。它影响儿童社会认知能力的发展，包括参与交流的技能、理解他人情感的能力、自我概念和自尊心、对人的理解和意图推测等。儿童换位思考的能力随年龄而发展。3~6 岁，孩子认为自己和别人有不同的想法，但两者常常有混淆；4~9 岁，孩子认为不同观念是有可能的，因为人们接受不同的社会信息；7~12 岁，孩子能"踏着别人的脚印"，寻思别人的想法、感情和行为，他们也认为别人能这么做；10~15 岁，孩子能站在两人之外想象，站在第三者的角度上考虑自己和别人的想法；14 岁到成年，他们认识到旁观者的看法会受社会角度、社会价值观的影响。

孩子的换位思考能力将帮助他们感受别人的处境，促使他们更好地与别人交往或者去帮助别人。换位思考能力强的人往往能表现出更多的移情和同情，也更善于主动去帮助他人。移情，是一种特殊的观点采择能力，指在人际交往中，人们彼此的感情相互作用。当个体感知到对方的某些情绪时，他自己也能体验到相应的情绪。移情是助人、抚慰、关心、合作、分享等亲社会行为的动机基础。它激发、促进人们的亲社会行为，是个体亲社会行为的推动器。移情不仅能增加帮助他人、分享等亲社会化行为，还能有效地降低侵犯等反社会行为。因此，父母要多提供这样的机会，让孩子能够感受到他人的生活状态，并真心实意地去帮助他人、奉献爱心。

付出的"三维"标准

奉献是一种高贵的品质和良好的行为，为他人献爱心既能让他人感受到幸福，也能给自己带来快乐。但是，要让这份情感更真实、更持久、更有号召力和感染力，就必须明确奉献的三维标准。"三维"里缺了任何一维，奉献都难以持续下去，难以给他人真正的帮助，更无法让自己获得幸福。

1. 付出力所能及的爱

为他人提供帮助，首先要根据自己的能力进行，尤其对年龄小、能力还不够大的孩子，父母一定要和孩子讲清道理，让孩子感到爱心不分大小。这是养成愿意为他人付出好习惯的第一个标准。有了这个标准，做出奉献的人才会快乐，也才会更愿意去奉献。

为什么要把力所能及作为一个标准呢？因为每个人的能力都是有限的，每个人都有自己的生活、环境、条件，如果付出超越了所能承受的范围，付出就变成了压力。研究表明，人在压力面前往往有逃避的心理，也更容易形成焦虑的情绪，这些不仅不利于个人身体和情绪健康，也不利于更好地为他人做事情。如果压力过大，一个人也不会快乐，反而会苦恼、伤心。

这不禁让我们想起了丛飞。感动中国的人物丛飞用他唱歌赚来的钱扶助了170多个人，他很伟大，很无私，可在爱的奉献背后，丛飞也有烦恼。他生病之后，已经没有能力再去赚钱扶助很多人，但这时仍有人打来电话说："你怎么能这样呢？你不是说了要资助我儿子到大学毕业吗？你怎么说话不算数啊！"面对这种情况，爱心已经成了压力，因此丛飞无奈地说："有些伤心，但不后悔！"但是，这却是一份力不从心的奉献，超出了丛飞的能力。退一步说，即使丛飞身体健康，作为一名普通歌手，要扶助170多个孩子读书，也的确有较大压力。

所以，在丛飞去世之后，有位名叫"秋夜"的网友在网上发布了一篇悲愤的文章。他说①：

你是善良的，你是伟大的！你是超越的！！这些都无可否认！看到那些失学的孩子，那些在贫困线上挣扎的人们，丛飞的行为无可非议，活着的善良的人们我们只能祝福你在天国里平安……

你是无能的，你什么也没有，只有一颗善良的心和嘹亮的歌喉，用那颗心去感化自己，用自己的歌喉和行动去感动自己！即使你把命搭进去，你所资助的那些人们还是个有限的数字，178个！！你用生命换来的300万！！！

你是有"野心"的，你想用自己的歌喉和善良去改变贫困地区人们的生活现状与下一代的教育问题！丛飞，你有没有问过自己，你自己是什么？救世主？秦始皇？？你是丛飞！！！

这位网友的话值得思考，他一定是为丛飞的去世伤心难过才说出这样的话。但是，他的话也告诉我们，丛飞只是丛飞，他的力量有限，他不是秦始皇，更不是救世主，因此他不应该做着救世主的工作。这些文字看起

---

① 秋叶. 流泪的丛飞伤心地飞向天国［EB/OL］. http://www.0415.co/blog-307-833.html

来有些极端，但这位网友对丛飞的一片爱心却无可否认，他的话告诉我们，超越了个人能力的付出，的确会给人带来很大压力。试想，如果丛飞能根据自己的力量做适度的奉献，也许他可以活得更久，可以为社会上更多的孩子奉献，可以带给他的家庭幸福，可以让很多孩子更幸福！因此，奉献首先要力所能及，只有这样，这份爱心才能持续下去，爱心才能给更多的人带来幸福，也给自己带来幸福。

生活中有很多人在自己的岗位上、自己的生活环境中为他人奉献，他们既付出了爱，又不会因为这些付出变成压力。例如，来自德国并居住在上海的彼得，发挥余热在社区中开起了"英语沙龙"，义务教周围的居民英语。5 年时间，他的学生已经有 800 多名，涵盖了 5～60 多岁各个年龄段的居民。还有一位律师，在为大家进行法律服务的同时，还志愿为周围的居民进行法律咨询，甚至在小区开起了儿童法律课堂，通过给孩子们讲法律故事的方法帮助孩子学习法律知识，提高自我保护意识。

这些都是力所能及的付出。父母在培养孩子好习惯时，要让他们了解到，无论能力的大小，每个人都可以为社会做贡献，都可以付出自己的爱。您可以给孩子讲讲普通人如何为他人奉献的故事。

2. 付出真心实意的爱

为他人付出要真心实意，不能虚情假意。所谓真心实意，就是要站在他人的立场，设身处地为他人着想，同时还要理解他人的处境，关注他人的需要，尊重他人的人格和感情，不求回报。那些帮助别人总希望得到回报的行为，不是真心实意的爱；那些不考虑对方处境的帮助，也不是真心实意的爱。

一位从国外归来的人士对此深有感触。他介绍自己在国外的经验时，特别提到了帮助他人要真心实意。他说[1]：

---

[1] 朱慧彬. 如果我是你 [N]. 基础教育. 2005（Z1）

　　初到国外时，我曾经给一家小餐厅打工。有一天，我错把一小包糖当作咖啡给了一位女客人。女客人非常生气，因为她很胖，正在减肥，忌讳吃一切甜食。我根本不了解减肥对那个国家的女人是多么重要。我英文并不好，也不知该如何应对，愣在那里听她嚷嚷。

　　这时女老板在耳边悄悄说：如果我是你，我会马上向她道歉，然后退还她的钱，给她所要的食物。我照着做了，那位女客人果然哼了几下就不出声了。

　　我以为我会受到老板的处罚，我一直在等。直到客人都走光了，我还不敢下班。老板拍拍我的肩道：如果我是你，我一定会利用下班的时间，弄清楚每包食物的英文名，包装袋通常是什么颜色，通常放在哪儿，就不会拿错了。

　　后来，我又去过几家店里打工，还去念了英文辅导课，这期间做过几次错事，受到老板、老师的批评。但是从未听到他们对我直截了当地吼："你怎么能这样做呢？""是谁让你这么做的？"或者"我告诉你，你以后不许这么做！"而是很委婉对我说："如果我是你，我可能会这么做。"我常常被这些善意的批评鼓舞着，感到无比的温暖，而且心怀感激。

　　从这位海归人士的经历可以看出，他很感激他人对他的批评，他把那些批评看作帮助。为什么会这样呢？因为他知道大家对他的批评是真心实意的。尤其是那句"如果我是你"，更是将两者放在了平等的位置上进行思考。

　　因此，父母教育子女付出真爱，要让孩子首先懂得用真诚对待他人，要设身处地为他人着想，站在他人立场看问题，这样给他人的帮助才能更符合需要，也更容易被接受。相反，如果不能站在对方角度提供帮助，会让人产生距离感，给他人的帮助也未必符合实际需要。

3. 付出平等尊重的爱

爱的本质自然是奉献，不是同情，不是怜悯，是出自平等和尊重之心的。对他人付出爱心，要建立在平等和尊重的基础上。也只有这样，我们的付出才能是真心实意的。如果把爱变成了同情和怜悯，变成了居高临下的施舍，这样的爱难以长久地持续下去，这样的爱就成了"作秀"。

记得曾在报纸上读到过这样一个小故事，说的是某旅行团到非洲一个国家旅游，这些游客一路上吃着手里的零食，喝着饮料，说笑着走到了一个路口。他们看见路边蹲着一个小男孩，瘦小羸弱，男孩大大的眼睛盯着客人们手里的食物，流露出无比羡慕的表情，还悄悄地吞咽着口水。一位游客从食品袋里掏出一个面包，随手扔给了那个孩子，非洲男孩迅速跑过去捡起来。大家都以为这个男孩会狼吞虎咽地吃面包，但是，男孩的举动却让所有的游客震惊！只见这个男孩双手举着面包，走到扔面包的人面前说："先生，请不要糟蹋粮食了，饿肚子的滋味不好受……"面对这样的场面，大家都惊呆了，男孩的行为，似乎给不懂得尊重的人一记响亮的耳光。这个男孩的确很饿，也一定非常需要面包，但是，如果对方不是真心帮助他，自以为是、高高在上的施舍行为，会让饥饿的人瞧不起。虽然人有贫穷与富贵之分，但在人格和尊严上是平等的。这个小男孩用他的举动维护了自己的尊严！

生活中这样的细节还真不少。有的妈妈带着孩子过天桥，看见天桥底下的乞讨者，妈妈掏出钱让小孩子送过去，然后一路上开始教育孩子："你看看他们，因为小时候不好好学习，现在只能要饭为生。如果你现在不用功，长大也得乞讨！"有的学校要求为贫困山区捐款捐物，父母把家里一些脏衣服破衣服甚至过期的食品一起交给孩子捐出去；有的家长带着孩子到乡村去体验生活，主人拿出饭碗盛水给客人喝，看着破旧的饭碗，孩子禁不住小声议论："这是人喝的吗？"家长及时进行教育说："谁让他们生在农村呢？"……

平等和尊重是最大的爱。面对疾苦人士，如果我们的表达过于简单直接，甚至是粗俗，只能使爱变成了伤害。给一些柴米油盐和破衣烂衫，就以为我们慈善有爱心，对他们的内心需求却知之甚少，我们没有去倾听、没有去洞悉，这样使得两个世界天然的断绝。因为缺乏心灵的沟通，使得这个世界水乳两层，于是有了抱怨和冷漠，有了绝望和颓废，有了嫉恨和报复，甚至有了伤害和毁灭。

所以，当我们对他人付出爱时，要从尊重和平等的基础出发，平等是人类进步的表现。父母在培养这一习惯时，要把这个作为重要标准，要想办法引导孩子正确认识弱势群体，平等地对待处境不利的人。

帮孩子找到"活教材"

要让孩子养成爱他人的习惯，不是一件容易事。孩子爱父母，爱亲人，是因为他们和"他人"有亲情的联结。虽然父母、亲朋好友也是他人，但毕竟大家生活在相同的环境，相互关心密切交往，经常走动来往，父母、亲人甚至为孩子做出了很多牺牲。这时孩子爱的情感容易激发出来。而对社会上的人，甚至是那些陌生人，也要让孩子去关爱，需要父母下更大的工夫，随时随地给孩子做榜样。

1. 长大后我要成为你

在生活中，父母是孩子的"活教材"，父母可以用一件件小事向孩子展示爱心的可贵。例如，一位母亲带着孩子走在路上，看见一位老人正步履蹒跚地过马路，她善良地去搀扶着老人，孩子走在母亲的旁边，看到的是母亲的爱。再例如，一位老爷爷上了公共汽车，母亲赶紧叫孩子起来给老爷爷让座，虽然孩子在拥挤的人群中站立不稳，但这爱的光辉却会照耀在孩子的心田。

所以，父母要随时随地给孩子这样的榜样教育。对陌生的人，对身体有病痛的人，父母付出的行动就是教材。

记得一位老师曾经对此非常有感慨。那天正是学校大扫除，不巧的是天下起了雨。因为赶时间，学生们冒雨工作。结果，任务完成时，学生也大多淋成落汤鸡了。这位老师心疼地急忙跑回宿舍取来毛巾，命令男生把头发都擦干。几个男生不好意思，不肯擦，老师就自己动手，把他们的头发都擦干，并把几个女生带回宿舍换上干净的衣服。

事后一位学生悄悄对老师说的话，让她无比感动。那位学生说："老师，你知道吗？你那天的举动在我们心里引起了多大的震动！以后我也要向你学习，长大后我要成为你！"这话让这位老师震撼，她没想到自己不经意的举动收到这样的效果。"长到后我要成为你"，是老师无声的行动带来的有声效果！后来这位老师写道："平常总是说得多，做得少，须知学生的眼睛是雪亮的，他不光看你怎么说，更看你怎么做。而且，老师的一言一行，在学生心中有着特别重的分量，教师是学生最易模仿的对象。"不仅教师如此，父母们更应该如此。

2. 满是油渍的作业本

仅仅靠父母的榜样作用是远远不够的，如果能注意挖掘孩子身边的典型，并适当介绍，也会在孩子身边形成榜样效应。

一位老师深知这个道理。班里有一位女生学习成绩较差，经常写不完作业，本子上满是油渍，同学们都不喜欢她。在一次家访中，老师得知这个孩子的爸爸是卖羊肉片的，家里空间狭小，孩子经常趴在肉案子上完成作业。所以，本子才看起来皱皱的、脏脏的。而且，由于她要经常帮父母做家务，带弟弟，所以作业也难以及时完成。家访中老师还了解到一点，这个孩子虽然学习成绩不大好，但很懂事，每天晚上给爸爸打水洗脚，空余时间还去帮助邻居一个孤寡老奶奶做家务。第二天，这位老师在班里特别表扬了这个懂事的小姑娘，要大家向她学习。

老师的话让同学们吃惊，他们这才发现，原来这个"不讨人喜欢的小姑娘"竟然有如此可爱之处。小姑娘也对老师的话感到惊讶，她仿佛第一次发现自己也可以在同学面前挺直腰杆。后来，老师还鼓动班里的同学轮流到孤寡老奶奶家去做好事。在老师的带动下，同学们和这个女生组成了"学雷锋小组"，每个星期去老奶奶家一次，帮助老奶奶打扫房屋，购买生活用品，喂养鸡鸭。

这位老师的做法就是在孩子身边寻找典型。一个满是油渍的作业本，没有让老师勃然大怒，反而让老师发现了一个虽然学习成绩差却有很多可爱之处的小姑娘，她懂得孝敬父母，关爱邻居老人。这位教师正是发现了孩子身上的可爱之处，并加以引导，为其他孩子提供了生活中的学习榜样。

3. 两组学前儿童的对比

研究发现，榜样对儿童的助人行为有较大影响，研究者让学前儿童与实验员交往，一组中实验员表现热情友好，具有亲和性，看到儿童哭泣主动帮助。另一组中，实验员表现中性，看到哭泣儿童不去帮助，只是看看。随后，研究者让两组学前儿童分别听到哭声并观察他们的反应。结果，和热情友好的实验员交往的学前儿童更多表现出助人行为。可见，榜样和亲和性对助人行为的培养有显著影响。

因此，父母要注意在家庭中营造互助友爱的氛围，让孩子经常感受到热情友好、亲密和谐。家庭成员之间需要互助友爱吗？有人会这样问。在一些人眼里，家人、亲友之间有的是亲情，在需要帮助的时候自然会出手相助。而且，亲人之间说话也不必客气，有什么说什么，越深刻越好。这些想法并非不对，但要有合适的度。在有些家庭中，家庭成员、亲友之间并不互相帮助，经常吵闹甚至斤斤计较。也有的家庭，亲人间从不客气，说话横冲直撞，往往使人受到心灵伤害。如果孩子生活在这样的环境里，他们往往难以生出一颗友爱之心，在做人做事方面有可能以自我为中心，甚至产生偏激行为。父母在家庭中，在亲友之间也要努力营造互助友爱的氛围，当孩子遇到困难时，全家一起去帮助；当孩子的同学遇到困难时，爸爸妈妈也要和孩子一起想办法。在这样的环境里，孩子自然容易养成关爱他人的习惯。

4. 孟母三迁的现代意义

孟子是我国著名的思想家和教育家。他3岁丧父，由母亲抚养长大。孟母很有教养，非常重视对孟子的教育。孟家附近有一块墓地，送葬的队伍经常从他家门前走过。孟子经常模仿队伍中吹鼓手和妇女哭啼的样子，还不时到墓地上玩死人下葬的把戏，在地上挖一个坑，把朽木或腐草当作死人埋下去。孟母对儿子这样玩耍很生气，认为不利于他读书，便把家迁到了城里。

到了城里孟母要儿子熟读《论语》，像孔子那样做人。可是他家处于闹市中，打铁声、杀猪声、叫卖声终日不断，听着听着，他就读不下去了。接着，他就和邻居家的孩子玩起了做买卖的游戏。孟母觉得这个地方很难让孟子集中心思读书，便再次搬迁到城东的学堂对面居住。那里环境很好，书声琅琅，读书的氛围很浓。孟子很快安下心来读书。有时，他还向学堂里张望，观看里面的学生是怎样读书，回到家里也跟着模仿。

孟母三迁的故事流传久远，给人们的启发也是持久的。近朱者赤，近墨者黑，这是观察学习的重要结论。观察学习是儿童学习行为、培养习惯的良好途径，心理学家班杜拉认为，儿童是通过观察他们生活中的重要人物的行为而学习社会行为的。在今天，孟母三迁的故事依然有着现代意义，它告诉爸爸妈妈们，培养习惯更需要考虑孩子的成长环境，不仅仅是家庭环境和学校环境，小区里的环境也不可忽略。这个"环境"不仅指"硬环境"，更指"软环境"。所以，父母在选择居住环境时，也要充分考虑小区内的人际关系和风气，最好把小区的软件设施作为重要考察对象，选择友爱和谐的小区。

在"做"中提升情感

每一次爱心奉献，给人带来的是快乐和幸福，帮助他人的过程自己也能获得情感上的提升。因此，爸爸妈妈要多带着孩子去参加各种公益活动，让孩子在奉献中更加稳固爱心行为，从而形成良好习惯。

1. 祖孙三人的美丽风景

随着社会的发展和进步，各种公益性活动越来越多。如果条件允许，父母最好多鼓励孩子参与公益活动，这对培养孩子关爱他人的习惯会起到积极的促进作用。热心公益，积极参与公益活动也是现代人需要具备的一项重要素质。参加公益活动不仅能锻炼孩子做事的能力，而且也能发展孩子的爱心和同情心，增强他们的社会交往能力。孩子年龄小时，父母要多带着孩子参加公益活动，等孩子大一些，就要多支持他和同学伙伴一起去做慈善活动。有的父母怕孩子耽误学习，阻止孩子参加公益活动，甚至自己代替孩子去植树、去敬老院等，这些都是短视的做法。

如果一时不具备条件，父母也可以多带着孩子在社区里做些助人为乐的事。山东的一位老人在大雪过后带着两个孙子去扫雪，记者采访时他诚恳地说："我这样做，既是为了方便居民，也是想让孩子从小养成爱社会、爱集体的良好习惯，做一个有社会责任感、有爱心的人。"春节期间，山东下起了罕见的大雪。雪后人们艰难地行走在路上，这时一位记者发现，在威海市的一个住宅小区街道上，一位老人正带着两个孩子在奋力地清扫积雪。只见老人拿着一把铁锹在铲除路坡上的积雪，两位少年则分别拿着一把小铁铲跟在老人后面铲除小块的冰雪。后来经附近的居民介绍，记者才知道这位老人姓张，是社区里的热心人。跟在他们后面的两个孩子分别是他13岁的外孙和9岁的孙子，祖孙三人构成了一道美丽的风景，在这雪天给人们带来温暖，也给他们自己带来快乐。老张的老伴去世后，他就承担起看管孙子和外孙的责任，这几年来，逢雨疏水，遇雪清雪，每次他都领着两个孩子一块干，祖孙三人成了最好的组合。老张不仅在下雪天带孙子扫雪，还在植树季节带孙子去植树，在环保日带孩子去公园里做环保，这些都是给孩子无声的教育。

2. 日行一善使穷小子成了商务部长

美国商务部长卡洛斯·古铁雷斯，似乎是美国梦、成功的代名词。但他谈起成功经验时却说：一个人的命运，并不一定取决于某一次大的行动，更多的时候，取决于他在日常生活中的一些小小的善举。他说自己改变命运的武器很简单，就是"日行一善"。

卡洛斯·古铁雷斯的父亲原本是个大庄园主，家里很有钱，从出生开始，他一直过着富裕的生活。后来，由于当地的暴乱与革命，父亲带着一家人背井离乡，逃离到美国迈阿密。原来的大庄园没有了，家里的佣人没有了，饭来张口、衣来伸手的日子也没有了，曾经积蓄的货币变成了被停止流通的废纸。一夜间，卡洛斯·古铁雷斯成了穷小子。

卡洛斯·古铁雷斯一家人只好一切从零开始。15 岁时，卡洛斯·古铁雷斯就跟着爸爸出去打工了。爸爸告诉他，为了能生存，只要给饭吃就行，不要计较得失，要勤快好学。他的第一份工作是在一个小饭馆里做服务员。薪水少得几乎可以忽略不计，但是小卡洛斯·古铁雷斯却很满意，因为这里有饭吃，还能学英语。所以，他每天都早早地到小饭馆开工，不计较报酬，除了干好分内的工作，还帮着老板干些杂务，或者陪着老板的孩子玩耍。

卡洛斯·古铁雷斯的勤劳感动了老板，也为自己带来了机会。一天，老板帮他介绍了一份新工作，是到饭店供货的食品公司去做营销员。就这样，他有了第二份工作，成了该公司的推销员兼货车司机。去上班前，父亲把他叫到跟前，语重心长地说："我们祖上有个遗训，叫'日行一善'。在家乡时，父辈们之所以成就了那么大的家业，都是得益于这 4 个字，现在你到外面去闯荡了，最好能记着。"

他牢记着父亲的话，工作中总是做一些力所能及的善事。比如，帮店主把一封信带到另一个城市；让放学的孩子顺便搭一下他的车。每天他都坚持这样做，高高兴兴地做了4年。到了第5年，他接到总部的通知，要他去墨西哥，统管拉丁美洲的营销业务。理由是他在前面的4年里，个人的推销量占佛罗里达州总销售量的40%，应予以重用。卡洛斯先生之所以能达到这么高的销售量，正是因为他的"日行一善"，让周围的那些邻居、店主们喜欢他，信任他，愿意和他进行经济往来。再后来，他打开了拉丁美洲的市场，又被派到加拿大和亚太地区；1999年，被调回了美国总部，任首席执行官。小布什总统竞选连任成功后，点名要他做美国政府的商务部长。《华盛顿邮报》记者采访他时，他说："一个人的命运并不一定来自某个惊人之举，更多的时候都取决于他日常生活中的小小善行。"

关爱他人从小事开始，对孩子的教育更是如此，毕竟孩子的能力有限，时间有限。父母可以鼓励孩子"日行一善"，即每天做件有益的事情。经常做些对他人有益的事，能很好地促进孩子对他人的关心。父母可以采取积极的奖励措施，鼓励孩子每天做一两件"好事"。这种好事无论大小，只要是对人有好处的就行。比如，帮父母做点家务，帮邻居小朋友温习功课，帮老人拿拿东西等。父母对孩子这样的行为要及时予以奖励，能长期坚持的，到一定时候可以给予更大的奖励。

北京市府学小学是一所著名的学校，也是中国青少年研究中心"少年儿童行为习惯与人格的关系"研究课题校，老校长李孰熙认为道德教育不能光讲大道理，要从小事做起。他说："光讲大道理是武装了人的嘴巴而没有武装人的头脑，最终形成了两张皮。这不是真正的教育。而且严格说是一种摧残，扭曲了人的心理。我们要从孩子的身边做起，接近他们的生活实际。道德不是靠教育而是靠实践的。要从小事入手，从点滴做起。"因此，府学小学的学生开展了"日行一善"活动，提倡学生每天要力争多做好事，在家庭、在社会上力争有好的行为，在每一天都有某一方面的进步或增长一个本领。

学校还发给全校学生人手一册"日行一善"，每个学生都积极参与，及时记录，各班还定期召开"日行一善"发布会，好的典型推举到学校，在"难忘的瞬间"国旗下活动中交流并拍照。学生由于自己做的好事被认可，更增加了做好事的热情，好人好事在校内、校外不断涌现出来。学校里也经常会收到来自社会上的表扬信。为了鼓励学生的好思想、好行为，学校还规定好事够 50 件能获得铜奖，80 件能获得银奖，100 件的能获得金奖。

父母在家里也可以使用这种办法，对孩子每天的好行为及时记录，并及时给予鼓励。

3. 被需要的感觉真好

父母还可以想办法扩大孩子的交往范围，让孩子与不同的人交往，在交往中感受差异与平等，感受互助与尊重。尤其是城市独生子女，不要总是局限于与邻居小朋友、同班同学交往，更要多与农村儿童、流动儿童交往。例如，有条件的话可以给孩子找个"手拉手"的小伙伴，例如，"城乡儿童手拉手"、"与贫困家庭小伙伴手拉手"、"与进城务工农民子女小伙伴手拉手"、"与老年人手拉手"等活动形式，让孩子经常与对方交往，突出体验和感受，并在多次活动中提升感情，化为爱心行动，向社会奉献爱心。

"手拉手"活动是 20 世纪 90 年代中国少先队最具有社会影响力的活动之一，是团中央、全国少工委组织开展的一项活动，主要内容是倡导城市和农村、富裕地区和贫困地区、健康的和有残疾的、以及各个民族少年儿童之间互相通信往来，互助助学，奉献爱心，共同受益的一项实践活动。在体验和实践中，孩子们受益很大。记得一位中学生在去了"手拉手"伙伴的家以后，曾经感慨地说：

我的伙伴是一个很可怜的小姑娘，她的爸爸和妈妈离婚了，她一直和奶奶住在一起。她奶奶很老了，什么也不懂，只能管她的生活，却管不了她的娱乐或者是别的什么的。我见了她以后，忍不住就可怜她。想想我自己，有电视看，每天都可以上网，可以了解很多新闻和娱乐报道。而她对这些都不知道，她能看到的就是一些旧报纸，都是从各处捡来的，包什么东西用过的。她也看一些不知道从哪里弄来的很幼稚的图画书，没头没尾，而且都是看很多遍。

她上我们家来的时候，我就给她看我的电脑。她说她从来没有见过电脑，也不会用，我就教她。其实她挺聪明的，很快就学会基本方法了。后来，她要走的时候，我就和爸爸商量，把我家里那台旧电脑送给她。当时她别提有多高兴了。她回去以后写信告诉我，她是她们村子里第一个有电脑的人。

我的一些同学也不理解我的行为，觉得我真傻，干嘛对一个手拉手伙伴那么好，不怕她赖上我？我说我不怕，既然我们认识了，我就有义务帮助她。我觉得在这样的活动中，我最大的收获就是懂得帮助别人了。以前，我很少想这些事情，因为家里就我一个孩子，我要什么爸爸妈妈就给我什么，没有谁需要我的帮助，都是大家在帮助我。现在，我终于有了需要我的人，被需要的感觉真好！

从这位中学生的感受可以看出，让孩子交一个手拉手的朋友，对他们有很大益处。孩子们在交往中会了解到他人的生活，感受社会中还有很多人需要帮助。因此有专家说："像这样的孩子们之间的交流，既是他们相互了解、相互认识的过程，也是相互传递科学文化知识、良好道德认识的过程。从这一角度来说，'手拉手'互助活动让孩子们在对比中找到了自身的弱点，对全面提高他们的素质起到了积极的推动作用，沟通了城乡文化，使孩子们增强了责任感。"也可以说，手拉手活动其实也是强化了移情作用，让孩子们在与他人交往中产生对他人的感情，激发责任心和爱心。

4. 郭老师的"爱的教育"

生活中，有时会发生一些特殊的事件，这些事件正是对孩子进行爱的教育的大好时机。因此，父母要抓住这些特殊的事件。例如，汶川大地震、日本的地震海啸等重大事件发生后，全世界人们都在捐资捐物，这便是个很好的教育契机。父母可以和孩子讨论一下，为什么全世界那么多人都行动起来了？他们的行为是否值得？同时还可以带头给灾区捐款捐物，或者请孩子帮忙出主意，看看怎样帮帮助他人最好。再例如，有同学患了重病，学校提议给灾区捐款，微博有人倡议要给贫困山区孩子送书等，面对一个个特殊的事件，父母都要及时抓住，并引导孩子深入思考，积极行动。

一位名叫郭秀云的老师很懂得抓教育契机，她介绍经验说："学校举办的'手拉手'活动、向灾区人民捐款捐物、挽救病重的校友等，我并不把这些活动看作是单纯的任务，而是把它当成对学生进行爱的教育的良好契机。每次活动前我都会详细地了解这次活动的背景，并且拿出一个专门的时间向学生介绍，鼓励学生有多少力就献多少力，尽量帮助别人。结果每回我班上学生捐款捐物都非常热情。事后，我都会认真总结，及时地表扬好人好事。有时，社会上发生一些事情，学校、班级还没有组织同学们做什么，学生就会主动来找我说：'老师，今天发生了一件事，我们大家帮他一下吧。'每次听到这样的话，我都很高兴。这说明我们的学生懂得关爱社会，关爱他人了。爱的种子开始抽芽、生长了。"

5. 给别人快乐也给自己快乐

对这一习惯的评估，父母们或老师可以参照本课提到的"三维"标准来进行。在习惯养成过程中，父母们也要特别注意强调这三个标准，这样形成的习惯才能更真实可靠，也才能更持久。

另外，父母们也可以参照知、情、意、行四个方面的指标来对您的习惯培养效果进行评估。

知：知道现代社会人们需要互相帮助，互相支撑；

知道奉献不仅是英雄和模范们的事，普通人也能做到；

知道为他人奉献也是普通人的责任；

知道做平凡的事、在平凡的岗位同样可以为社会奉献，为他人奉献；

知道奉献不是盲目牺牲；

情：真心实意、心甘情愿地为他人奉献；

尊重那些被帮助的人；

与那些接受帮助的人平等相处；

只要是真心付出没有境界与层次之别；

意：付出爱是一种精神更是行动；

付出爱的过程中能克服困难，不求回报；

不介意冷言冷语或他人的闲话；

行：先做好分内的事；

从生活小事开始奉献；

每日一善或者每周一善，也可以每月一善；

积极参加各种公益劳动。

寻找快乐其实并不难，给别人快乐也是给自己快乐。付出我们的爱，给他人力所能及的关心，你会发现，快乐原来就是这么简单！

第七章
在集体中学会成长

一次特殊的考试

在人的一生中，除了家庭、亲友外，另一个重要的环境就是集体。对于中小学生来说，更重要的是班级、少先队、共青团或者学校这样一个集体环境。对于成年人来说，就是工作单位或者公司团队。除了这些正式的集体外，还有很多自发组织的小团体或活动小组，这些也形成了集体。人总是要生活在群体中，一个懂得爱集体的人，能给群体带来正能量，能成为这个群体中受欢迎的人，能使自己快乐也能使大家快乐。一个不懂得爱集体的人，容易给集体带来麻烦，让群体中的成员烦恼，使自己成为孤家寡人，以至于大家不快乐自己也不快乐。

所以，培养孩子仁爱的好习惯，自然要包括爱集体这个重要的习惯。集体是学生思想品德形成和发展的重要环境。中小学生的良好思想品德在积极向上的集体生活中才能更好地形成。同时，孩子在集体中生活，也是他们社会化的一个重要途径，在这个环境里，他们接触更多的是同龄伙伴。社会化理论认为，同辈群体在儿童的社会化中具有重要作用。班集体是正式的社会群体，班级中的成员之间相处的时间较长、范围较广，因此对一个人的影响也更大些。培养孩子仁爱的良好习惯，不仅要爱自己，爱父母，爱他人，也要爱集体。

江苏省邳州市实验小学刘翠芹老师向我们介绍了"一次特殊的考试"。这个考试是一位德育老师曾在班里进行的，发现的现象引人深思。那天，德育老师在课堂上对同学们说要进行一次测试，看看大家对教材掌握得怎么样。课后，她领来了 62 张白纸，按照班级的小组数分成了 4 部分。上课后，老师告诉同学们要开始考试了，随后和往常一样，把 4 部分纸发给每组的第一个同学，让大家往后传，每人拿一张。其实，在这之前她已经偷偷地在每组的前两张纸上做了手脚，有的一面弄脏了，有的撕破了，有的上面被笔画了一道……

德育老师仔细观察每个同学的表现。第一个同学拿到纸愣了一下，立即从下面拿了一张，看看可以了，就把纸传给了同桌……纸传到了最后，有几个同学找老师要求换纸："老师我的纸是坏的。""我的纸是脏的。"德育老师示意几位同学先回到座位上，他们很不情愿。

刘老师写道[1]：

学生们紧张地等着老师出题目，听到的却是"同学们，考试已经结束了"。学生们先是一愣，接着像炸开了锅似的，不知道老师葫芦里卖的是什么药。她示意大家安静，并说："请拿到坏纸和脏纸的同学站起来。"结果站起来的绝大部分是后面的同学。她接着说："还记得我们以前学习的课

---

[1] 刘秀芹. 让思想品德教学回归生活［J］. 中国教育报. 2005-01-11（8）

文《讲谦让》吗？其实，我是想通过今天的考试来检查一下同学们对学过的内容掌握了多少，理解了多少，能否学以致用。看来，大多数同学没通过这次特殊的考试，把干净、完好的纸留给了自己，不好的纸都留给了后面的人……"好多学生都面露愧色，低下了头。

这样的情况在生活中或许经常可以看到吧？有的孩子在班级没人时乱扔垃圾，有的孩子轮到自己值日偷偷溜掉，有的孩子看到同桌考砸了心里高兴，还有的孩子对班级各种活动漠不关心……现实生活中，的确有很多孩子缺少集体的概念和助人为乐、帮助他人的良好行为，一些成人也认为和爱集体相比，孩子的成才才是最重要的事情。也有的父母对孩子娇惯过多，使孩子养成了"以自我为中心"的不良行为，遇事只会想到自己、很少顾及他人。长此以往，孩子很容易形成以自我为中心的性格特征。

孔子说："乐于助人者，必有仁爱之心；有仁爱之心，必有助人之行；有助人之行，必有助人之乐。"可见，在中国的传统道德观念中，助人为乐，热爱集体是重要的道德观念和行为准则，人们在帮助他人中会获得很多快乐。

美国学者对此也做出了论述，宾夕法尼亚大学心理学教授马丁·塞利格曼提出了幸福的三个组成部分：① 愉悦，体现为面带笑容、高兴；② 参与感，体现在工作、家庭、浪漫和爱好中；③ 生活意义，体现在用个人的力量服务他人和社会中。从这三部分看，让自己生活得有意义是获得幸福的重要元素。例如，爱护班集体的荣誉、为集体争光、参加公益活动、帮助邻居做事、到敬老院参加慰问活动等。

从这个角度看，培养孩子乐于助人、热爱集体的良好习惯，不仅有助于孩子的社会化，有助于形成良好的道德品质，还会让孩子拥有快乐的人生，并最终形成健康的人格特征。

增强对集体的感性认识

人的情感与认识过程有着密切的联系，情感总是在人们对客观现实的认识过程中产生和发展的，因此人们常说"有所知才会有所爱"。反过来，如果具有一定的情感，也会促进他们对某些事物的认识。要提高孩子们对助人行为及热爱集体观念的认识，重要的是提高孩子们对这一良好习惯的情感。

1. 难忘的小学时光

当一个人对友谊、对助人为乐有深刻的感性认识时，他们在行为上会更多地倾向于帮助他人，对班集体、同学友爱会更加珍惜，也会更愿意为集体和他人做出自己力所能及的事情。因此，父母要创造条件让孩子多与伙伴交往，在交往中增加感性认识，增进情感和友谊。

一位初中一年级的女生说，小学时光给她留下最深刻印象的就是同学之间的友爱：

是去年的事了。那时我正读小学六年级，因为患病在家里休学。刚开始我特别担心，心想这下功课肯定落下了。怎么办呢？同学们都在努力学习，希望能够考个好学校，而我却只能眼睁睁地看着自己落后。正当我在家里忧愁的时候，老师带着三个要好的同学来我家，他们给我带来了好吃的，还安慰我，为我补课。

这真是我没想到的，临近升学，同学之间竞争也是很激烈的，我经常在报纸上看到有些同学甚至将自己复习的资料藏起来。他们会真诚帮助我吗？我也怀疑过。但我的疑心很快就打消了。他们帮我送来老师写好的复习资料，还分工给我讲课，即使下雨天也不间断。就是在同学的帮助下，我的功课一点儿也没落下。

几个同学经常利用晚上时间给我补课，妈妈很感动，她抢着给同学们拿水果，倒茶水，而我每次都感动得不知说什么好。虽然还在生病中，我却感觉浑身轻松，似乎病魔已经吓跑了。后来，我的身体渐渐好起来了，又返回了学校。我和同学们的关系更好了，我为自己当初的疑虑而脸红。

现在这件事已经过去一年多了，我和那几个好朋友也不在一个学校了，我们各自进入了一所自己满意的中学。虽然不常见面了，但我和那些同学的友爱之情却深深留在我的记忆中，永远也不会被遗忘！

所以，让孩子多和伙伴交往，在交往中感受友谊是很有必要的。尤其在城市里，很多独生子女缺少与同学交往的机会，即使每天在学校里见面，也大多是上课和考试，课间短暂的时间甚至没有时间一起玩耍，同学之间缺少深刻交流。缺乏交流和了解的交往，自然难以有感情提升。父母要多在这方面给孩子们提供交往的机会，既要鼓励孩子们多参与集体活动，又要创造条件让孩子把同学请到家里来，或者在假期休闲的时间里组织孩子与班里同学一起玩。另外，要注意引导孩子们交往中的行为，让他们更多地感受友谊，更多地学会宽容和理解，这样才能更好地提升他们对热爱集体、助人为乐行为的认识。

2. 哈尼族女孩曹婕妤

当今社会，很多人更强调个人成功及个性，一些媒体的报道也存在类似倾向，大款、富豪、公司老板、CEO 成为媒体频频报道的对象，时髦的、标新立异的事物成为人们追捧的中心，而集体的荣誉却强调得越来越少。因此，一些人认为在这个竞争性的社会中，集体观念已经过时了。事实上，很多大富豪、大老板都特别重视团队的力量。

父母们可以先了解一下孩子是否有这样的观念，并寻找一些重要事件和孩子一起讨论，明辨是非，这样才能真正提高认识，扫除认识上的误区。

例如，父母可以给孩子讲讲第十一届"十佳少先队员"候选人曹婕妤的故事：

她是一位天真活泼、开朗大方的哈尼族小女孩，来自云南省红河自治州金平县第一小学三（4）中队，是个中队长。刚入学时，曹婕好就被全班同学推选为班长。在以后的学习和生活中，小婕好总是严格要求自己，同学们都说她热爱集体，尊敬师长，团结同学，主动帮助学习上有困难的同学。

班里有的同学来自农村贫困家庭、下岗工人家庭，了解到这些同学的情况后，曹婕好便暗下决心，要尽自己的能力帮助他们，让班里的每个人都感到少先队集体的温暖。她学习更加刻苦，处处力争第一，因为这样她会得到学校或老师、父母的"奖励"。得到钱后，她就积攒下来，为有困难的同学买铅笔、作业本等学习用品。几年下来，平时父母给的零用钱、压岁钱和学校的奖学金，曹婕好几乎没用过一分，但是班上10多位家庭贫困的同学却都有了新的学习用品。一次，她因为学习好获得了1000元的奖金。当妈妈问她想怎么用这些钱的时候，小婕好告诉妈妈："我想把这笔钱用来为班上的王苹、李云等家庭困难的同学买学习用品，让他们分享我的快乐。"直到这时妈妈才知道自己的女儿已经前前后后为"手拉手"的小朋友们买了上百元的书包、铅笔等学习用品。

父母可以把这样的故事讲给孩子听，并和孩子讨论一下曹婕好是不是特别傻？她把集体的快乐看得这样重，经常花费自己的钱和时间去帮助同学们，这样做值得吗？在讨论过程中，也可以让孩子上网或者去图书馆搜集相关资料，了解一些优秀同龄人的故事。这个过程既能够提高孩子做事的主动性也更利于他们思考和提高认识。

生活中会有各种适合孩子的故事，只要父母有心，经常和孩子聊天、讨论，一定处处都是教育素材。越是生活的，越具有真正的教育意义。

3. 升旗仪式上的实事报道

在所有行为习惯的养成过程中，给孩子提供适当的榜样都是很必要的。这榜样来自于家庭、学校、社会、同龄伙伴。

北京市海淀区巨山小学地处城乡接合部，学校周边生活着大量的进京务工农民和他们的子女。学校910名学生中，90%的学生是来自全国22

个省市自治区的进京务工农民子女。这些孩子随着父母进入城市后，他们渴求知识，希望接受平等正规的教育，做事有一定的责任感，但也存在行为习惯差、胆小、自卑、交往合作能力弱等问题。

为了培养孩子们的良好习惯，学校确立了"我负责，我能行，我快乐"的宗旨，以此来进行培养小学生健康人格的课题研究。他们为了激励孩子们热爱学校，热爱班级，特别注意采用榜样教育的办法，这些小榜样都来自于伙伴中。他们将这一经验总结为"时时激励有典型"。教师们注意挖掘学生中、生活中的故事、典型，并时时激励孩子们。各中队在升国旗仪式上利用"系列实事报道"这一环节，报道各班的典型，让每周在各项活动中表现出色的学生介绍自己，展示自己，以此激励孩子们互相学习。

这种做法好在每周、每日都有新的榜样涌现出来，每个孩子只要通过自己的努力都有可能成为他人的榜样。虽是榜样但却平凡，来自同学中间，让孩子们更加感到亲近，没有遥不可及的感觉。

不损失个性，不混淆是非

热爱集体、助人为乐的人受到大家的欢迎，任何一个集体中，都需要这样一些给人带来温暖的人。但是，有些家长担心，过于强调集体会不会使孩子缺乏个性？会不会使孩子在集体中吃亏？过于强调助人为乐，会不会让孩子混淆是非？家长的担心不无道理，当代社会，我们既需要心中有集体有大家的人，也需要个性独立、是非分明的人。因此，要做到既受欢迎又不受伤害，父母还是要和孩子先讨论一下这一好习惯的标准。

集体的事儿大家做，这一行为的标准有很多，家庭在养成习惯过程中可以和孩子们讨论，先帮孩子明确行为标准，让孩子知道什么事情是可以做的。例如：

- 同学之间友好相处，互相关心，互相帮助；

- 不欺负弱小，不讥笑、戏弄他人；
- 积极参加集体活动，认真完成集体交给的任务；
- 少先队员要服从队的决议，不做有损集体荣誉的事；
- 集体成员之间相互尊重，学会合作；
- 积极参加学校组织的各种劳动和社会实践活动；

……

上述各条都是这一良好习惯的具体要求，父母或老师可根据孩子的实际情况，和孩子们共同讨论，确立培养目标。在告诉孩子什么能做的同时，还要告诉孩子什么不能做。下面两点要特别和孩子讲清楚，这两点虽然不是标准，但和标准有紧密关系。

1. 爱集体但不损失个性

对于年龄大一些的孩子，尤其要讨论这个问题。当孩子进入初中阶段以后，他们的自我意识已经很强了，他们更喜欢标新立异，展示自我。在一些中学生心中，有个性是值得自豪的事情，而听话、遵守学校纪律、热爱集体等，倒成了丢失个性、没面子。因此，有的孩子会故意和学校的规章制度顶着干，似乎这样才更有个性，更有面子。

然而，个性与规则是不矛盾的，与爱集体更不冲突，爱集体不等于损失个性。相反，一个爱集体的人，才能在集体环境里很好地生活，并充分发挥自己的个性，为集体做事。同时，一个好的集体也会为每个人创造和谐宽松的环境，让个体更好地发挥自己的个性。

因此，成年人要和孩子讨论这个问题，最好能让孩子充分发表自己的意见，也可以在同伴中或者家庭中展开小小的辩论会，辩清了道理做起来才更轻松更坚定。

2. 帮助他人但不混淆是非

这也是培养助人为乐、关爱集体行为习惯需要讨论的问题。孩子们由于阅历浅、辨别是非的能力不强，再加上随着年龄的增长，他们更希望证明自己的能力，有时候会表现得比较冲动，逞强好胜，有哥们义气，为了朋友两肋插刀。

我们要培养的助人为乐、热爱集体的良好习惯，不是哥们义气，这是需要在习惯养成时辩论明晰的。因此，父母也要在这方面多和孩子讨论，帮助孩子分清友谊与哥们义气的不同，这样才能帮助孩子更好地养成习惯。

让孩子亲手布置环境

我们大家都有这样的感受：当您到一个风景优美的湖边，看到的是宁静的湖水，微波荡漾，空气清新，心情自然会阳光明媚。相反，如果您到了一个湖边，看到的是乱糟糟的人群，湖水中漂浮着垃圾，周围地面上也满是塑料袋和泡沫饭盒，空气中散发着食物腐败的味道，即使再优美的风景也会让心情大受影响，甚至对这个风景区给出差评。

好的环境让人心情舒畅，让人更爱这个环境以及环境里的人。家长和老师可以从鼓励孩子布置环境开始，让他们在改变环境的同时也改变行为。

1. 大一班的"海底王国"

一般情况下，老师总是在孩子进入幼儿园时给他们一个漂亮的环境，让孩子喜欢幼儿园。可是北京市曙光幼儿园的沈心燕老师却别出心裁，在孩子从中班到大班时，把教室里的漂亮壁画、墙饰都拆了下来，墙面光秃秃的，四面墙都成了白色的，上面什么也没有。当孩子们进入大一班时，实在不能适应这个苍白的环境。小朋友们纷纷议论起来："大一班不好！大一班没有中一班好看！""墙上怎么没有画呀？""窗台上也没有花儿！""我不喜欢这个班级！"

其实，这是沈老师的计谋。中一班的墙壁上有孩子们亲手绘制的墙壁画《美丽的北海公园》、《我们班里好事多》、《在一起多快乐》，还要师生共同创办的各种活动区。孩子们突然看到四面白墙，自然不适应。她的目的就是让孩子们看到空荡荡的教室，让孩子们不适应，这样她才好带动小朋友们一起来布置教室。她想通过这样的方法，让孩子们自己动手，并喜欢自己布置的环境，喜欢这个集体。

在沈老师的启发和鼓动下，小朋友们开始想自己布置教室了。大家讨论的结果是要把教室布置成一个"海底王国"。很快，仅用了半天时间，千姿百态的"海底王国"贴满了一面墙，孩子们高兴地欢呼起来。

沈老师在她的文章《利用评价手段培养幼儿爱集体的情感》中写道：

面对焕然一新的墙壁，孩子们似乎明白了什么。为使他们那模糊的认识清晰起来，为使他们在兴奋之余，了解集体的力量，感受自己与集体的关系，从中获得正确的认识，我请小朋友在偌大的画面中寻找自己画的那条鱼，并说一说自己的感受，面对环境的变化进行评价。刘冠丛说："原来的大一班没有中一班漂亮，现在老师带我们布置了教室，我觉得大一班最漂亮。"……高哲若有所思地说："老师，是不是一条鱼孤零零，许多鱼在一起才快乐；一个人的画贴在墙上不好看，大家画了贴上去才漂亮……"

另一位幼儿教师陈燕也将环境布置作为习惯养成的重要方法。虽然幼儿园的孩子们都很小，但她每学期都带着孩子们一起布置教室环境，孩子们用稚嫩的小手剪出小兔子、红太阳、胡萝卜、圣诞老人等。她还把可乐瓶剪开，教孩子们把青蒜、小葱等种植在瓶子中，让孩子们把这些物品放在教室里，每天和孩子们一起观察它们的变化……通过这些活动，孩子们对幼儿园更加喜欢了。陈燕老师说："每个学期教室里都要进行环境的布置，虽然幼儿做得不太好，但我还是充分地让幼儿参与，让他们进行剪、贴、画等活动，最后再进行简单的装饰布置。大家看到把教室点缀得那么漂亮，都沉浸在无比快乐的情绪中。"

其实，每个孩子都是爱集体的，父母和老师就是要利用各种活动把孩子的这种情感激发出来。当孩子们看着自己布置的环境，就会自豪地跟爸爸妈妈说：看，这是我画的！看，这是晓伟贴的！在劳动中，孩子们感受到了为集体美化环境的愉悦感，增强了小主人意识。

对幼儿如此，对年龄大一些的孩子也可以使用这种方法。有的学校让孩子们用班费到花卉市场去购买几盆花儿，孩子们每天给花儿浇水，这不仅增加了孩子们的责任意识，也让孩子们因为教室里有自己购买的花儿而爱上班级；还有的学校请全校同学集思广益，发挥创造性美化校园，有的学生提出要将校园的墙壁设计成"文明墙"，有的学生给不同年级的教室涂上不同的颜色，设计不同的标识，这些方法都使孩子们从心眼里爱上自己的环境。

2. 营造热爱集体的风气

谈到习惯养成的环境，班风和校风是不可忽视的因素。尤其是培养这个习惯，更需要有好的班风和校风做基础。人们经常议论北京大学毕业的学生和清华大学毕业的学生在气质上有很大不同，也有的人不明白为什么哈佛、牛津、剑桥等著名学府出来的学生几乎个个出类拔萃？就是因为他们的教学水平高吗？研究者发现未必如此。在一些学校里，他们甚至没有很好的教学硬件，使这里的毕业生真正出类拔萃的原因是各个学校特有的学术氛围和优良的校风。

同样，随着孩子们逐渐长大，他们的知识面越来越宽，思考问题的深度越来越深，思维由形象性、单一性向抽象性、多元化发展，认识水平也由低级的感性认识向高级的理性认识转化，因此他们的思想非常活跃，思考的范围也非常广泛，这时班风、校风对他们的影响会加大。因此，要注意营造热爱集体、互助友爱的班风和校风，孩子们在这样的环境里，更容易形成良好行为。

在家庭中也是一样，父母也要注意营造爱家庭、爱社区、爱大家的风气，父母对邻居的态度，对社区环境的态度，对路上陌生人的态度，都是一种风气，都能给孩子一些潜移默化的作用。

着重突破"感情关"

集体不同于个体，个体是"我"，集体是"我们"，在培养孩子爱集体良好习惯时，要着重突破"感情关"。情感是人对客观事物态度的反映。情感教育不同于知识教育、技能教育，它不可能通过"传授"的方式使人获得，情感的产生只有依靠人们对客观事物的亲身体验。要让孩子们学会爱集体，关心他人，首先要让他们爱上集体中的人或者环境等。

1. 为啥老想对学校物品"下毒手"

父母要多鼓励孩子和小伙伴交往，并帮助孩子在集体中多交几个好朋友。您还可以创造条件让他们结交友谊。如果孩子能在集体中有几个知己、铁哥们，集体对他们也自然更有吸引力。

一位小学毕业生来到一所新学校，她特别不喜欢这所中学，原因只是这里没有她的好朋友。她曾经这样描述她对学校的感觉：

开学后，大家都欢天喜地到新学校去，而我却特别烦躁。看着这里陌生的同学，陌生的老师，陌生的环境，我不由得更加怀念我的母校了。那里多好啊，在那里有很多我的好朋友，我们每天一起上学放学，一起玩乐，有烦恼还可以和朋友说，在这里我却是很孤单的。真后悔当初报考了这所学校，都怪爸爸妈妈他们只顾自己的面子。同学们还羡慕我上了一所好学校，他们哪里知道我现在的心情？

昨天在课堂上我就没认真听课，我知道班主任使劲儿拿眼珠子瞪我呢，我才不管。在这里我看着什么都不顺眼，走廊那么狭窄，楼梯那么陡，厕所也离教室很远。新同学和我说话，我也特别心烦，懒得搭理他们。今天我还悄悄地把我课桌上的一块木片扒了下来，这样我心里觉得特别痛快。唉，不知道这样的心情要持续多久。我看着校园里的东西就想"下毒手"，踩踩草坪、踢踢门、玩玩教室电灯开关、开了水龙头不想关掉。我这是怎么了？只觉得这样心里才爽快。

　　这位中学生之所以对新的集体环境产生厌倦，看见同学不顺眼，看见周围环境反感，对班级的课桌下手，根源在于她没有容纳到这个新集体中去。当一个人对集体产生认同感时，他就会把自己当作自己的家一样去热爱和关心。

　　让孩子在集体中找到好朋友，也绝不能光靠嘴巴上说说就能解决问题的，还需要父母或者老师动脑筋想办法，结合孩子们的年龄特点激发他们的交往兴趣。对低年级的孩子，通过讲故事、看节目、表演小品等形式帮助他们认识集体的重要意义，可能是个好办法，对于年龄大一些的孩子，就更需要他们参与其中感受集体的价值。

　　宜昌市西陵区铁路坝小学的马晓春老师为了培养学生爱集体，在思想品德课上专门设计了"说心里话"环节，让孩子们通过讲班级故事，发现团结友爱的好同学好伙伴。她在教学笔记中写道：

　　本学期我所教的二年级四班，共有五十八个孩子，虽然他们大多数只有七岁，但人人都是小精灵，个个都怕自己吃亏，眼里哪里容得下别人。从接班的那天起，我就在心里发誓：一定要把他们培养成热爱集体、有集体观念的好学生。

　　……

　　思想品德课我认真设计教学环节，记得第五课《同学间要友爱互助》的教学中，我设计了一个说心里话的环节："当你遇到困难时，最需要的是什么？当你得到别人帮助时，最想说什么？"我鼓励孩子们根据自己的生活实际说真话、说实话、说心里话。

李瑞恒同学说："那天上语文课时我因为感冒着凉吐了一地，连自己都觉得很脏，可董雪松和徐天池同学不怕脏，立刻找来煤炭渣帮我把地上打扫得干干净净，我很感激他们，我想对他们说一声谢谢。"徐天池说："看到同学有困难，我能帮助他，我感到很高兴。"尽管董雪松和徐天池同学是班级比较调皮的学生，但就事论事、大张旗鼓地表扬了他们关心同学的良好品德，让他们知道老师正看着他们的点滴进步，关注着他们的成长，他们也逐渐变得自信起来。班里其他同学也因此看到了他们俩的优点，更愿意和他们交朋友了。

2. 神秘的朋友

北京市崇文区培新小学刘颖老师开动脑筋，为孩子们设计了有趣的"悄悄交友助人活动"。在活动的第一阶段，他们的主题是"悄悄行动，体验快乐"，她将全体学生的名字分别写在纸条上，然后请孩子们做个游戏。她用班会等时间，把全体学生的名字写在纸条上，然后开始抽签。每个同学随机抽到一张纸条，上面写着某位同学的名字。当然，每个人也会被别人抽到。然后，刘老师要求大家保密，谁也不要告诉他人自己抽中了谁，也不要求去打听谁抽中了自己。每个同学都默默地帮助抽中的那个同学一个星期，一个星期里大家只需要去认真感受帮助，感受来自同学的友谊，在感受中猜测是自己被谁抽中了，谁是自己的神秘朋友。刘老师还要求同学们做好心灵日记，把帮助别人和被人帮助的感受写下来。

同学们一听说玩游戏，都兴奋地跳起来。抽完签之后，整个班级沉浸在神秘的氛围之中。孩子们都遵守规则，没有互相打听，但都在猜测。很多学生抑制不住兴奋，记下了心灵日记。刘老师特别从学生的心灵日记中选摘出来部分内容①：

---

① 孙云晓. 孙宏艳. 好习惯是怎么培养出来的. 北京：北京出版社，2007

虽然我还不知道是谁抽中了我，但我知道我要帮助谁，所以我会尽我最大的努力去帮助他的。

今天，我感到可能是孟××抽到了我，可崔××也帮助了我，刘××下课还主动给我讲题，我都不知谢谁好了。我觉得这个游戏真好，这样一来，大家都注意到了别人对自己的帮助，也在想办法帮助别人，我体会到集体互助的力量。

在这短短的几天里，我帮助了他很多次，现在回想起来，我觉得自己挺有责任感的。即使他没有什么需要我帮助的事情，我下课的时候也会想办法给他讲笑话，让他能够好好休息。

自从开展了这个活动之后，我发现好人好事越来越多。原来听大人说帮助别人就是快乐，这次我真的体验到了，原来帮助别人解决困难之后自己心里那份高兴劲就别提了。

通过"神秘"元素放大了孩子们对帮助他人行为的快乐感受，这是刘颖老师的高明之处。在活动中，每个学生都可以感受到神秘，既可以作为一个神秘的朋友去帮助他人，他人也可以悄悄地、神秘地帮助你。从学生们写的心灵日记中，我们都可以感受到这一点。

"神秘感"是提升学生活动兴趣的催化剂，也是放大孩子们快乐感受的放大镜。因为神秘，孩子们就要努力去感受，去发现背后的秘密，这样他们更能在活动中感受助人的乐趣和被帮助的甜蜜。过去，同伴的帮助也许会被忽略，自己也想不起帮助他人，但通过这些活动，孩子们调动了所有的感官去感受他人的帮助，调动了所有的智慧去帮助他人又努力争取不被人发现。这样，孩子们的感受更强烈了，这也使活动的效果更好。

这个活动更适合年龄大一些的孩子们，例如小学中年级的孩子等。这是因为行为的发生一方面和个体自身的认知能力相关，另一方面还受到个体能力水平的限制。建议父母们也可以使用类似的方法，主要目的就是让孩子感受到帮助他人的乐趣，对他们的好行为给予及时的肯定。父母的鼓励犹如这个活动中的神秘元素，同样可以给孩子带来新奇和满足。

3. 把快乐体验变成具体行为

孩子们对热爱集体、帮助他人有了美好体验后，还不能仅仅停留在情感上，还要趁热打铁把这种快乐体验转变为具体的行动。如果只是停留在感受上，活动就变成了游戏，孩子们只能热闹一时，良好习惯依然无法养成。

前面提到的"悄悄交友助人活动"仅仅介绍了第一阶段的活动。在这个活动的第二阶段，刘颖老师就特别注意将提升活动的高度，让孩子们走出神秘世界，把快乐体验转化为助人行为。第二阶段的主题是"延续活动，播撒爱心"。应学生们的要求，刘颖老师延续了助人活动，但考虑到孩子们毕竟控制行为和情绪的能力不够，为了让孩子们学会交往的规则，她又提出了新的活动规则：

- 要选择新朋友，特别是没有较多交往的同学。
- 可以向对方公开，也可以保密。
- 交往中要真诚待人、热心助人。注意克制自己的情，容忍对方的缺点，理解对方的处事方法，原谅对方不经意的伤害。
- 完成一篇交友体验周记。

这一阶段的重要环节是活动规则的第三条，要求孩子们在交往中真诚待人，学会宽容和忍让，学会理解他人，这些都是形成热爱集体、助人为乐良好行为的重要条件。在连续的体验活动中，孩子们学会了将自己的感情融入对方的感情之中，懂得了要耐心听别人表达想法，学会了对别人的事感兴趣，使班级的氛围更加融洽。

随后，刘老师又进行了活动的第三个阶段"创编活动，乐在其中"。这时，她和孩子们一起编写格言、小诗、童谣等，既可以表达孩子们的愉悦心情，又帮助孩子们思考，形成更具体的行为准则。孩子们创编的童谣摘录如下：

"红领巾,迎风飘,团结同学有礼貌,真诚一定要记牢,结识更多新朋友,友谊之花香气飘。

红领巾,迎风飘,互相帮助很重要,一点小事不计较,宽宏大量矛盾消,友谊之花对我笑。"

"你拍一,我拍一,同学矛盾我来医。你拍二,我拍二,他人有难不怠慢。你拍三,我拍三,互助小事多如山。你拍四,我拍四,帮助别人是常事。你拍五,我拍五,同学之间不动武。你拍六,我拍六,自私自利不可取。你拍七,我拍七,坦诚相待不相欺。你拍八,我拍八,胸怀坦荡乐哈哈。你拍九,我拍九,朋友多了路好走。你拍十,我拍十,真心相待实打实。"

在把体验变成行为的过程中,成年人要特别注意让孩子学会遵守规则。任何一个集体都有自己的规则,正如校有校规,班有班规一样,与朋友交往也有规则,那就是要宽容、平等、尊重、理解等,我们要先告诉孩子们这些原则,并在持续训练中不断强化这些规则。

4. 申办示范校是谁的事

所谓集体目标,就是集体成员共同具有的某种期望或者追求,它往往由这个集体的成员共同商讨制定。我们常说有的集体犹如一盘散沙,实际上就是说集体成员没有共同的想法和追求。这样的集体,严格意义上来说不能算作一个集体,只是聚合在一起的一个团体。而如果一个集体有合适的目标,孩子们在这个集体中都能够调动起积极性,为这共同的目标努力,好学生会更加严格要求自己,落后学生也不会放任自流,每个学生的个性得到发挥。在这样的集体中,孩子们会更加热爱集体,心中装着集体。

因此,要帮助学生养成热爱集体的好习惯,学校或者班级都应该确立适合学生们的集体目标,例如,争夺文明校、争夺优秀班集体等。这些目标的确立,要符合孩子们的心理需求,要将客观的要求变为主观的愿望,这样才能真正使目标起到作用。

例如，北京市燕山星城中学把"申报文明示范校"作为整个学校的集体目标。以往，很多学校在申办示范校时通常采取开动员大会、层层下达任务指标、制定各项规范的做法，这样做甚至让学生反感，即使拿到了示范校的牌子，但学生的行为习惯没有根本改变。现在，燕山星城中学改变了过去的做法，他们把尊重学生放在第一位，将示范校评审的权利交给了学生，让学校目标、集体目标变成每个学生自己的目标。

学校接到任务以后，就召集学生们开会，把接受任务的情况告诉学生。在老师的调动下，学生的热情很快起来了，大家都想通过集体的努力为学校争光。老师带着学生们讨论，大家一起寻找学校存在的问题。同学们很认真很投入，提出了很多需要改进的地方，甚至连墩布溅到墙壁有泥点、暖器壁里有纸张也被学生们提出来。到底怎么改进呢？老师又请同学们献计献策。

班会上同学们提出了很多合理化的建议。有的同学说，墩布要滤干以后才可以使用，废纸必须装进塑料袋内集中倒掉……过去，下水道曾经被用过的塑料瓶堵塞，学校特别提出不许学生带塑料瓶到学校。通过讨论，学生们说这样的规定是不合理的，没有人情味儿，也难以真正控制大家爱护学校环境和公共设施。有的同学说："这是拿个别同学的违纪行为惩罚大家，给我们大家带来了很多不方便。"

学生的意见得到尊重，也激发了他们的兴趣和信心，306班学生发出倡议——收集塑料瓶，废品变班费。其他班级的同学也纷纷响应，塑料瓶堵下水道的现象再没有发生过，学校这条规定也自动失效。在同学们的共同努力下，学校的环境越来越好。

这时，同学们又提出了新问题，说老师中也存在不文明现象需要改变，这样才能申请文明示范校。大家列举了一大堆老师的不文明行为：有的老师乱倒茶渣，有的老师乱扔烟头，有的老师骑车进校门居然不下车步行，有的老师见到学生问好不理不睬。学校为师生搭建了平台，让学生和老师能更好地沟通，学生们还给老师送去了自己制作的烟灰缸，装剩茶的小铁桶。

学生们有这么积极的行动，就是因为他们把申办示范校作为自己的目标。在申办示范校的一年时间里，学生们对申办示范校比老师还要关注。有的学生一见到老师就问："申办下来了吗？申办下来了吗？"

为什么学生们会发生这么大的改变呢？关键因素在于学校改变了思维方式——过去把学生当作完成学校任务的工具，现在学校让学生参与学校集体目标的确立。通过这个集体目标，他们不仅成功地完成了申办工作，还帮助学生们养成了良好习惯。在这个过程中，学校面貌也发生了根本性的变化。之所以收到这么好的效果，学校用的是"巧劲儿"，用合适的集体目标激发了孩子们的集体意识，使爱集体的行为变成主动、自愿的。

家长们也可以借用这样的方法，把爱集体的目标变成孩子们自己的目标，变成家庭的共同目标，这样孩子做起事来才能更积极主动。

5. 我负责，我能行，我快乐

集体荣誉感是一种积极的心理品质，是促使一个人更加关心集体、热爱集体的重要的道德情感。一个具有高度集体荣誉感的人，会很自觉地将自己的行为与集体的荣辱、利益联系在一起，认真按照集体规则要求的去做。所以，在培养孩子们热爱集体、帮助他人的良好习惯时，也可以从弘扬集体荣誉的角度出发，多讲讲集体的光荣史，让孩子们感受到在这个集体里很快乐、很自豪，因此他们也更会严格要求自己，努力按照集体要求的去做，不给集体"抹黑"。

前面提到的北京市海淀区巨山小学就是选择了从激发学生的荣誉感入手，让孩子们对自己、对学校感到自豪。每学期，都有许多新的借读生来到学校。初来乍到，他们人生地不熟，学校重点在于唤醒他们的自信心。于是，每接收一名新来的插班生，班主任就会带着新来的学生走进教室，让他们大声介绍自己，大胆展示自己，说一说家乡的情况，演一演自己民族的歌舞。

为了在孩子幼小心灵注入自信的力量，他们除了让孩子为自己感到自豪以外，还通过理解校训、读懂校徽、学唱校歌、诵读校诗等方式来增强孩子们对集体的荣誉感。巨山小学的校训是"我能行"，校徽是一位小学生攀登一座握拳并伸出大拇指的山峰，寓意是：我背起书包快乐地登上成才之路，这一路上有校长、老师、同学们的喝彩与鼓励。不仅如此，他们还让学生每天朗诵校诗《走进巨山小学》、《选择》、《爱的芬芳》、《北京我的家》等校园诗，这些诗是孩子们和老师们共同创作的，体现了对祖国、对北京、对学校的爱。

在《北京我的家》中，孩子们朗诵道：我的家离这里好远好远，就像这里离我的家好远好远。几年前的一个冬天，站在北京的大街上，我怯生生地说："北京，俺来了，俺来了！"……那是在几年前的一个冬天，我的爸爸骑着板车，板车上是我，我背着书包，到了一个像窝棚一样的学校，光线是那样的暗，教室是那样的乱，我的心好乱，好乱。……爸爸几年的奋斗，我们住进了明亮的楼房，今天，爸爸开着自己的汽车，把我送进美丽的巨山小学，政府的关怀像阳光，把我们的心照亮！照亮！我们像一个个和谐的小音符，温馨的校园里回荡着我们欢乐的歌。啊！北京，我的家。啊！北京，一个爱意浓浓的家园！北京我爱你，北京I LOVE YOU！

通过这个活动，孩子们了解了巨山小学、认识了巨山小学，爱上了这里的老师和同学，更爱上了这座校园。学校课题组在他们的结题报告中写道：

校诗像黏合剂，将一个班、一个年级和全学校紧紧黏合在一起，团结在一起。于是，每天我校那朗诵，那气势，那感觉真是山摇地动，山呼海啸，撼人心魂，一种催人向上的激情、豪情油然而生。于是，正气在这里占了上风，形成了主流，孩子们的身上没有了那种懒散、娇柔、自私的东西，而更多的是"我负责"的责任心，"我能行"的自信心，"我快乐"的风采。

诵诗有一种韵律和节奏的美感，它像一幅美丽的图画、一曲美妙的音乐、震撼着每个人的心灵，在这种氛围里成长的孩子是温和文雅的、蓬勃向上的，那种蛮横、霸气、狭隘自私的言行荡然无存。

少年期是集体荣誉感普遍形成的时期，这个时候如果能够多宣传集体的荣誉，让孩子们心中油然而生自豪感，就会增加集体的凝聚力，促进孩子们热爱集体的感情升华，并逐渐形成具体的行为习惯。

在活动中评价效果

对孩子行为习惯的评估，一方面，父母要了解知、情、意、行几个方面的标准，另一方面还可以从日常生活的具体情境入手，创设一些有趣的活动，在这些活动中评估孩子们的习惯养成状况，同时也可以用这些活动来培养孩子热爱集体的好习惯。

1. 知、情、意、行有标准

爱集体是一种重要的思想和价值观，教育的效果要在学生们的行为中表现出来。要考察这个习惯的培养效果，首先要在知、情、意、行四个方面进行效果评估。下面的几个标准供父母或老师们参考：

知：知道自己是集体的一员，应该与集体成员团结友爱；

　　知道集体的力量更大，要成为一个团结的集体，应该互相关心，
　　　　互相帮助；

　　知道同学有了困难要及时伸出援助之手；

情：热爱集体，爱护集体荣誉；

　　　　为集体取得的荣誉而感到骄傲；

　　　　尊敬那些爱护集体荣誉的人，劝阻那些损害集体荣誉的人；

　　　　乐于为集体服务；

　　意：自觉遵守集体中的规则，不扰乱集体秩序；

　　　　做事认真负责，能够与集体中的成员团结合作；

　　　　努力为集体做力所能及的事情；

　　　　积极参加学校的各项活动，为集体争取荣誉；

　　行：珍惜集体中的每一件财物；

　　　　关心集体发生的每一件事；

　　　　学会在集体中建立民主平等的关系，与集体成员相处融洽；

　　　　积极为集体出谋划策；

　　　　爱护集体环境，不做污染环境的事情。

2. 实用的体验活动

　　创设活动，在活动中培养习惯和评估习惯，是习惯养成的又一个重要方法。古代教育家荀子曾说："不闻不若闻之，闻之不若见之，见之不若知之，知之不若行之，学至于行之而止矣。"可见，"行"在认识过程中的地位和作用是非常重要的。

　　心理学家皮亚杰关于发生认识论的研究也表明，人的认识不是单独由主体或客体决定的，而是两者的相互作用才形成的。儿童智力发展的根本原因和机制也是活动，儿童智力的发展是以儿童自身的活动为中介来实现的，它是一个主动建构的过程。

　　杜威是一位建构主义的早期哲学家，也是在当代教育史中极为活跃、影响很广的教育家。杜威认为，教育应该是教师引导学生在逐步成长的过程中不断通过活动去学习的过程，活动教育是其教育体系的核心内容。

　　因此，在习惯养成中，我们更应该遵循这样的原则：即让儿童主动地参与到实践和活动中去，在实践、活动中感受和体验，从而强化良好的行为习惯。也就是说，让儿童在实践活动中，把外部的要求逐渐地转化为自身的内在需要，使被动的行为逐渐转化为主动的行为，随后再把它提升到自动化的行为，这便形成了习惯。因此，我们应该重视儿童在活动中学习，重视活动的有效性。

下面介绍几个培养活动，供教师和父母参考。

"我爱集体"金点子大赛

在任何一个小集体中，都可以想方设法多发挥孩子的主体性。例如，让孩子们出谋划策，设计一些关爱集体、帮助同学的金点子。这些点子的设计过程既可以促进孩子们的思考，也可以调动孩子们的积极性，说不定真的会产生一些金点子哦！

"我们的团队最美"设计大赛

如果是在学校里，可由学生们在电脑上或者画布上设计出他理想中的教室、校园。这里的设计只是一个楔子，是为了激发孩子们热爱集体的情感。对那些适合校园或班级建设的设计内容可以把它变成现实。如果孩子们能将自己的一些想法变成现实，对他们来说无疑是很大的激励。对自己设计出来的班级、校园怎么不萌生热爱之情呢？同样，也可以让孩子帮忙设计家庭环境，设计课外活动小组的环境，为自己参加的团队标志等，孩子们参与了、出力了、动脑了，他对自己参加的集体就会有更多感情。

"谁是小主人"侦探活动

在团体成员中间找一找，看看谁最热爱集体、关心伙伴。这样的伙伴不仅是集体的小主人，还是同学们学习的榜样。此外，做大侦探的过程也会促使孩子们不断改变自己的行为，努力争取做集体的小主人。

"我为集体作贡献"实践活动

可以选择维护公共财物、为集体争光等活动内容，让孩子们在实践中真正践行关爱集体的意识，并在实践中感受爱集体的快乐，逐步形成良好的行为习惯。

第八章
用爱与大自然共生

3 公里海滩 50 吨垃圾

2012 年的国庆节长假，海南三亚的大东海区再一次"世界闻名"，但这不是因为风景的魅力，而是因为在仅仅 3 公里的海滩上，留下了 50 多吨的垃圾。三亚环卫局不得不出动 600 多人清理这些遗留的垃圾。不仅三亚如此，天安门广场也在国庆当晚留下了 8 吨垃圾；在拥堵的高速公路两侧，也扔满了垃圾。节日里公园"垃圾泛滥"的问题在每个黄金周期间都会出现，虽然人们提倡环保多年，仍然无法真正改变这样的状况。问题到底出在哪里？其实，最关键的不是出在行为上，是出在人们的观念上。从观念深处，我们是否觉得环境和我们每个人息息相关呢？据生活在澳大利亚的华裔居民介绍，人们在海滩上很少看见垃圾，一旦看见扔弃的废纸和啤酒瓶等，他们往往会认为这是中国人干的。可见，由于我们不够爱护环境，已经破坏了世界人民对中国人的整体印象，哪怕这件事不是中国人干的，都会被冤枉。这就是不尊重环境爱护环境的代价。

不爱护环境不仅仅破坏国人的形象，还直接破坏了人们的生活。在一些家长眼里，成绩要远远比周围的环境重要得多，孩子爱自己、爱家人也远远比爱护环境重要得多！但是，爱护环境其实也是爱护我们自己！一个发生在青海湖的悲剧，至今让人们记忆犹新。

青海湖是我国最大的内陆咸水湖，面积达4 635平方公里，比洞庭湖大1.5倍还要多，环湖360多公里。青海湖还是鸟禽等野生动物成长的天堂。它是我国最大的内陆高原湿地水禽保护区，分布有鸟类12万余只。湖区泉湾湿地，是国家一级保护动物黑颈鹤的栖息、繁衍区，春季有20多只黑颈鹤在此栖息，少数进行繁殖；国家二级保护动物大天鹅也在这里越冬，数量达1 500余只。保护区内还分布着普氏原羚、岩羊等兽类多种。所以，青海人把青海湖称为"西海"，这是因为人们认为它像海一样宏伟磅礴，烟波浩渺。青海的很多民歌中都有歌唱青海湖的歌曲，例如，"西海的头上云起来，日月山根里雨来"，"腾云驾雾的龙王爷，西海里为王着哩"。就是这样一个湖光山色、秀美多姿的地方，却出现过水位下降、土地沙化、草场退化、物种减少等环境危机。

索巴一家住在美丽的青海湖畔。长久以来，他们以牧羊为生，过着简单、快乐的生活。后来，由于旅游业的发展，越来越多的人来青海湖游玩。当地人们的生活也比以往繁华了许多。索巴家草场的前面也建起了很多大大小小的饭店。

过了一段时间，索巴吃惊地发现自家的羊越来越消瘦了，不肯吃草，满口牙已长到6岁的大羊，看起来像小羊。最初，索巴以为自己家的羊生了病，花2 200多元钱买来精饲料喂养，但一个月后，这些羊连饲料都不吃了。后来他剖开死羊的肚子，发现羊胃里填满了各种塑料垃圾。

原来，在饭馆的后门，残羹剩饭、鱼的内脏、塑料袋、饮料瓶等各种垃圾满地皆是，而羊非常喜欢吃塑料袋中夹裹着的油性残留物。索巴的儿子说，羊一看见垃圾就会像疯了似的往上扑，拦都拦不住，但羊是没办法打开塑料袋的，索性连塑料袋一块吃下去了。"由于吃下的塑料长时间滞留胃中难以消化，这些羊是被活活饿死的。"索巴扯出死羊肚子里的塑料，欲哭无泪。

这样的惨剧并不只是索巴一家的遭遇。据《中国青年报》报道，塑料垃圾使牧民家的羊正在一只只"离奇"死亡。有村民反映，全村20户牧民共有近千只羊死亡，经济损失在30多万元。可见，破坏环境，其实也是破坏了我们自己的生活。

"白色污染"只是造成环境恶化的一个因素。人们因为不良环境而遭受到的痛苦还有很多。例如，有的河域水污染严重，两岸庄稼用严重污染的水浇灌，导致河两岸上亿百姓的健康和生存问题受到严重影响。再如，时常发威的沙尘暴、阻隔蓝天污染空气的PM2.5都给人们的生产、生活造成了诸多不良影响。所以，保护好生存环境，其实就是关爱人类自己。良好的环境是人们生活的基本保障。环境受到破坏时，遭受到更大的惩罚和灾难的必定是我们自己。

一个懂得关爱环境的人，也一定是一个有责任心的人，因为他的目光不仅仅局限在对自己的爱、对家庭的爱上，他还会把大家的利益放在首位，去关爱他人的生活，把大家的幸福当作自己的责任；一个懂得关爱环境的人，也一定是一个善良的人，因为在他的眼里，一草一木山山水水都值得尊敬；一个懂得关爱环境的人，还将是一个幸福的人，因为塞·约翰逊说，背离自然也即背离幸福，爱护环境的人与大自然和谐相处，天人合一，所以他是幸福的。

热爱的前提是了解

热爱源于了解，只有让孩子了解了环境对社会和个人的重要性，才可能使他们自觉产生爱护环境的各种行为，没有了解就无法让孩子爱护环境。因此，父母们要发挥智慧，让孩子了解自己生长的环境，了解环境对于每个人的意义。

1. 做环保"小能人"

父母要经常给孩子提供与环境有关的各类知识，例如，网络上有很多与自然有关的视频，父母都可以根据孩子的年龄特点找来看看，广袤的大地，无边的海洋，蔚蓝的湖水，青青的草原……通过这些美的熏陶，让孩子在观看中感受到，优美的环境能给人带来好心情好生活。父母也可以找一些破坏环境的图片、视频，让孩子看后感受到恶劣的环境给人带来的是坏心情坏生活。这些形象的资料，比说教更能触动心灵。

另外，爸爸妈妈们还可以给孩子找来一些书籍，让孩子的生活中经常有环境这个话题。可以找《十万个为什么》自然卷让他们阅读；可以和孩子一起看与自然有关的专题片；使孩子了解大到整个地球、小到社区或村庄的实际情况，从而培养他们形成自觉保护环境的意识和行动。父母还可以和孩子一起开展环保知识竞赛，在竞赛中增长知识和兴趣。

一所学校在对孩子们进行爱护环境教育时，为了让孩子们了解更多的环保知识，他们采取了"当'小能人'宣传员"活动，让孩子们用唱歌、跳舞、小品、游戏等文艺形式到街头、社区宣传环保等节水知识。还让孩子们朗读、背诵课本中与爱护环境有关的内容，并要求他们回家以后对爸爸妈妈或朋友讲一讲爱护环境的知识。这些做法的主要目的是调动孩子们的积极性，帮助孩子了解更多的环保知识。父母们不妨也让孩子当个"小能人"，请孩子做"小导游"，让孩子在"做"中体悟环境的价值。

2. 不查不知道，一查吓一跳

为了让学生们了解环境保护的意义，一位老师要求孩子们回家写一周观察日记，认真观察一周内自己家的生活方式。了解家庭生活的哪些方面与爱护环境相关，记录自己和家庭其他成员的相关行为，并对此进行评价，提出更有效节约资源的建议。通过这类活动让孩子们亲身感受爱护环境的价值。

孩子们在调查前制作了如下表格来记录环保行为：

	与环境相关的行为	
	有利的行为	不利的行为
我	1. 充分利用了草稿纸的反正两面 2. 3.	1. 随手乱扔废纸 2. 3.
爸爸	1. 外出吃饭不使用一次性筷子 2. 3.	1. 经常乱扔烟头 2. 3.
妈妈	1. 洗衣服的水用来拖地 2. 3.	1. 经常使用不环保饭盒 2. 3.
建议		

经孩子们这样一调查，连爸爸妈妈们也吓了一跳。原来，看似每天生活平常，却有那么多破坏环境的行为。父母们在家庭中也可以选用类似的方法来帮助孩子提高认识。让孩子多进行些这类小调查，可以增强孩子们对环境及环保重要性的认识，主要目的是把环保的意义展现在孩子们的面前，让他们了解环保的紧迫性。

用调查的方式，也是孩子们体验的重要途径。调查的内容、时间、范围都可以根据具体情况进行调整，父母也可以和孩子共同完成。如果能够让子女和其他同学、朋友一起做调查，并进行比较，那就更好了。做完调查后，父母可以和孩子一起进行讨论，加深认识。

3. 发掘大自然的魅力

大家也许都有这样的体会，每当假日里走出喧闹的都市，来到青山绿水，来到田园湖泊，心情就会格外宁静，大自然用它独特的魅力给人们带来生活的美好享受。当我们听林海涛声，当我们赏云海浪花，当我们观旭日东升，当我们送夕阳西沉，无不感受到自然的和谐与生机。一个人生活在这样的环境里，或者经常感受到这样的美丽，想不爱护这样的环境都难！

父母们要提高孩子对环保的认识，还要经常带孩子到大自然中去，发掘大自然的魅力，不能光动嘴皮子说教。孩子对大自然的热爱，犹如认识一个新朋友，当他发现了这位朋友的可爱之处，就会愿意和这位新朋友玩，并且主动去爱护、保护这位新朋友。同样，孩子发现了大自然的魅力之后，也会从内心升华出热爱之情。

一些画册、故事也可以增加孩子们对大自然的热爱。一位学者在他的论著中写到书籍对他的影响，他写道：我记得有一本伊林写的《人怎么变成巨人》，沿着科学发展史介绍了很多科学家，如法拉第、居里夫人、爱因斯坦等。这本书给我的影响，一是对大自然的奥秘充满了好奇。发现大自然的美，并由此爱自然，追求大自然给自己心灵带来的安慰。二是惊讶于科学对人类的贡献。现在我们的生活，有很多直接受益于科学的探索发现，但我们并不那么注意。第三就是科学家们崇高的精神境界和状态。人们常常受益于科学而不自知，但从来没有一位真正的科学家因此而有怨言，他们只把科学的真理看得最高。

因此，父母也不妨给孩子找一些与自然奥秘有关的画册、故事阅读，使他们在阅读中增加对大自然的热爱之情。

在生活细节上下工夫

爱护环境，光靠口号和知识是不够的，仅仅加强宣传难以取得好的效果，最重要的是采取措施，把行为和责任心联系在一起。成年人们如果对环境保护有高度的责任感，在做事的时候自然会采取各种措施，这样也是在无形中给孩子们树立榜样。父母为孩子树立榜样，并非一定要做什么大事，只需在生活细节上多下工夫。

1. 饺子店的小老板野坂君

一个曾经在日本留学过的人，回国多年后仍然深情地回忆起一位平凡的日本人。那个日本人名叫野坂君，是从乡下来到东京的，经过自己的奋斗成了饺子店的老板。他没有多少文化，只读到初中毕业，字也写得歪歪扭扭。但这个老板有个好习惯，每天都把剩下的油渣和沉油倒在一个盒子里，盒子里装有塑料袋，袋子里有一些碎海绵和纸屑，另外还有两条封口胶带和一块擦拭用的纸巾。把油倒进塑料袋后，他会用胶带封好，连同擦过油的纸巾一起放在盒子里，与可燃垃圾放在一起丢掉。

这位在日本的留学生很不理解为什么野坂君不把油渣和沉油倒在下水道里呢？那样做既麻烦又浪费钱，因为弃油盒是要花钱买的。当他说出了自己的疑惑时，野坂君笑了，他说："这种油对水质污染很大，在水处理过程中也很难过滤干净。而且，这些油会附在下水道上，会繁衍大量的寄生虫，会造成疾病和细菌的传播。"

还有一次，留学生和野坂君聊天，说起上厕所时总是用那种盒装的面巾纸，因为取着方便。野坂君听后对留学生说："你这样做是不对的，因为面巾纸不容易溶解于水中，应该用那种专用的卫生纸。"

这件事让中国留学生无比感慨，也让我们这些读者无比感慨。其实，很多大道理大家都懂，也知道应该怎么做。但是，要真正落实到行动上，却不是每个人都能做到。有的人因为周围没有人看到，没有人监督就不会去做，或者做得不够好。这位没有多少文化的日本人，甚至不会写太多的字，但是他却有着深入骨髓的环保理念。即使没有人监督，即使自己花钱，他都能够认真地去做，这不能不让人钦佩。

日本人以严格要求自己著称，很多日本人都会像饺子店的小老板野坂君一样，用环保的方法处理废油，注意生活中的一些细节。正是因为这些人的坚持，使大家互相影响，使整个社会环境发生改变。实际上，父母对孩子的影响也是如此，要在具体的事件上影响孩子，要教给孩子具体的环保措施，而不是仅仅用语言来进行教育。

例如：

在带孩子去饭店就餐时，尽量少用一次性筷子；

吃剩下的饭菜要带回家尽量使用环保餐盒；

在超市购物最好能自己带方便兜，不使用商场提供的塑料袋；

在家庭中注意废水利用，洗碗洗衣服的水用来洗拖把冲厕所；

去郊外旅游时不乱扔废弃物。

2. 及时确立日常行为规范

父母不仅自己要做好榜样，还要给孩子一些具体的要求。关爱环境不仅是一种意识，更是一种行为。因此，对孩子提出这方面的要求，要从生活细节出发，在家庭中设立一些孩子们容易做到的行为规范，并不断地督促孩子去做。下面几点供父母们参考：

● 减少使用塑料袋、塑料瓶，尽量使用可降解的塑料制品；尽量不使用一次性筷子、一次性饭盒等。购物的时候，可以使用布袋、竹篮、纸袋等；如果用塑料袋，可以尽可能把物品合并在一起，减少使用袋子的数量。

● 节约用水、用电，节约使用纸张。节约资源包括两方面：一方面，减少使用的总量；另一方面，可废物利用或循环使用。父母可以让孩子开动脑筋想一想，每天使用的水，哪些部分可以再使用？洗脸或洗衣的水可以用来拖地或冲厕所吗？纸张如何循环使用呢？写满字的纸张可以用来做剪纸或折纸吗？

● 保持卫生，妥当处置垃圾。不要随意丢弃垃圾，在有条件时要把垃圾分类扔进垃圾箱。不可随意焚烧垃圾，这样既会污染空气，也有可能导致其他危险。

- 旧电池等电子垃圾不可随意处理，要放到旧电池回收箱里。父母还可以鼓励孩子使用充电电池，减少使用一次性电池。

- 保护动植物。不随意攀折花木，不践踏草坪。不滥食野生动物，不喂食、追逐动物园内的动物。积极参加种植花草树木和保护动物的活动。

- 不胡写乱画。游览美丽的山光水色、人文景观和文化遗迹时，要爱护旅游胜地的环境，不随便乱写乱画。

大处着眼小处着手

关爱环境这一习惯常常不受重视，与合作、责任、诚信、学习等习惯相比，人们往往更关注后者。在一些人看来，公共环境是别人的事儿，与自己无关，自己家的环境自己管。然而，我们知道，其实环境与我们每一个人都有着密切的关系。如果我们大家都行动起来关爱环境，PM2.5 数值就不会那么高，天空就不会灰蒙蒙，我们出门再不用戴口罩，跑步时可以大胆呼吸。因此，父母要从大处着眼，在小处着手，把关爱环境这一习惯放在一定高度，从细微处培养习惯。

1. 伟大的达尔文妈妈

孩子对周围环境充满与生俱来的好奇。我们要在充分利用和保护他们好奇心的基础上，培养他们对自然的热爱。带孩子接触自然，随时随地帮助孩子发现自然的神奇和美丽。孩子体会到了自然的美、感受到了各种各样的动植物的美，才能感悟生命的可贵，才会发自内心去珍惜环境。

众所周知，达尔文是英国著名生物学家，进化论的奠基人。他写的《物种起源》是生物科学上的一次革命。他对生物的浓厚兴趣，起源于他对大自然的热爱之情。而这些，要更多地归功于他的妈妈。

在他很小的时候，妈妈就经常带着他种草种树，让他对自然产生爱的情感。一次，他跟妈妈到花园里为小树培土。妈妈说："泥土是个宝，小树有了泥土才能生长。别小看这泥土，是它长出了青草，喂肥了牛羊，我们才有奶喝，才有肉吃；是它长出了小麦和棉花，我们才有饭吃，才有衣穿。泥土太宝贵了。"

达尔文问："妈妈，那泥土能不能长出小狗来？"

"不能呀！"妈妈笑着说，"小狗是狗妈妈生的，不是泥土里长出来的。"

达尔文又问："我是妈妈生的，妈妈是姥姥生的，对吗？"

"对呀！所有的人都是他妈妈生的。"

"那最早的妈妈又是谁生的？"

"是上帝！"

"那上帝是谁生的呢？"

妈妈答不上来了。她对达尔文说："孩子，世界上有好多事情对我们来说是个谜，你像小树一样快快长大吧，这些谜等待你去解呢！"

从那时起，达尔文就喜欢上了花草树木、鸟兽虫鱼。上学以后，他仍然保持着对大自然的浓厚兴趣。他骑马、打猎、钓鱼、采集矿石、捕捉昆虫、钻进树林观察鸟类的习性。对达尔文来说，整个大自然就是一个大问号，要探索、思考的事情实在太多了。他常常边观察边沉思，甚至不顾危险。

可以说，正是母亲对他的启蒙教育，使他爱上了大自然，对大自然产生了浓厚的兴趣，并最终成为一名生物学家。试想，如果天下父母们都用爱的情感向孩子解释自然界的事物，让孩子感觉周围的花草树木都犹如自己的兄弟姐妹，他能不爱护环境吗？

2. 家庭环保倡议书

爸爸妈妈可以和孩子共同协商，制定一些爱护环境的行为规范。在这个过程中，非常重要的是鼓励儿童的积极行为，逐渐使外在的约束内化为内在的自律行为。例如，一些学校和孩子们一起起草了环保倡议书，用倡议书的形式把环保行为具体规范下来。每一份环保倡议书都不是空洞的宣传口号，更多的是对孩子们的具体要求：

向父母、邻居、同学传播保护臭氧层的知识；

提醒爸爸妈妈买无氟冰箱等环保产品；

提醒大人们不吸烟，不乱扔烟头；

尽量少用空调，要把空调设置在 26 摄氏度，不要开得温度过低；

回收垃圾要分类，少用一次性泡沫餐盒、一次性塑料袋和一次性木筷；

每个星期要有步行或骑自行车的时间，尽量少乘汽车；

……

倡议书里的这些要求都很具体，可以作为我们生活中的行为规范。在家庭中父母也可以和孩子一起讨论、商定一些生活中大家都愿意执行的行为要求，最好能写成"家庭环保倡议书"或者"家庭环保行为准则"之类的书面要求，可由孩子去设计、书写，还可以贴在家中醒目位置，彼此督促和提醒。

3. 一张纸小队

环境之所以出现严重危机，和人们日常生活中微不足道的行为有密切关系。一只小小的塑料袋在我们的生活中是微不足道的，它大约只有 0.4 克。可是如果北京人每天只使用一个塑料袋，就会产生 4 吨的垃圾。同样，如果每个人这辈子只使用一次方便筷，我们也得砍掉 15 万棵生长了 20 年的大树。我国每年因生产一次性木筷消耗的木材就达 200 万立方米。这足以使北京出现滚滚沙尘，足以让长江洪水滔天。成年人可以把这些数据给孩子们讲讲，孩子在对比中会认识到日常生活中每一个小小的行为都与环境密切相关，因此也会更加注意自己将爱护环境落实在日常生活的具体行为中。

常常有人觉得环保行为说起来太空洞，还有人认为爱护环境都是吃饱了撑的才干的事。其实，爱护环境应落实在日常生活的具体行为中，有了具体行为，这个习惯就不是空洞的大话。

　　袁日涉曾经作为"十佳少先队员"，受到过共青团中央的表彰，她和她的一张纸小队成为很多孩子学习的榜样。她上一年级时，发现有人把只用过一面的纸随手扔掉，甚至用崭新的纸折飞机，觉得很可惜，不环保。于是她想了一个解决的办法，在班级里成立了一个环保小队。小队的任务，就是把同学们丢弃的纸收集起来。大家齐心协力，给小队起了一个有趣的名字，叫"一张纸小队"，因为不管节约多少张纸，都要从每一张纸开始。后来，大队辅导员赵老师知道了这件事，在赵老师的帮助下，"一张纸小队"很快在全校推广起来，每个小队、中队都有专人负责收取废纸。大家把用过一面的纸订成环保本，在赵老师的积极引导下，袁日涉的"一张纸小队"带头把环保本送给全校的每一个同学，号召全大队的同学都参加"一张纸小队"的活动。这个活动后来发展到了包头、石家庄、重庆、上海、郑州、哈尔滨、宜宾、烟台、安阳九个城市，有9万多红领巾参加，共回收废纸65万多张，相当于保护了130棵三米高的大树。

　　从生活小事做起是小学生能够做到的。一位13岁的小学生写了篇作文，题目是《小小少年，养成爱护环境的好习惯》，或许对大家有启发。他写道[1]：

　　我无法阻止人们乱砍乱伐为数不多的森林资源，但是我可以节约每一张纸，可以爱护花草树木；我无法阻止人们乱捕乱杀珍希动物，但是我能做到不捕不吃国家明令保护的动物；我无法阻止工厂城市生活废水污染江河、湖泊，但是我可以用无磷洗衣粉，尽可能节约用水。我无法阻止破坏环境的行为太多，但我可以从小事做起，从日常做起，从自己力所能及做起，从点点滴滴做起，尽量减少对环境的破坏。我想：养成良好的生活习惯对我们保护环境会起很大的作用。

　　这个13岁的孩子用自己的感受和思考认识到爱护环境人人有责，爱

---

①周韬. 少年儿童要养成的80个好习惯. 北京：机械工作出版社，2012

护环境要从小事做起。父母们也可以鼓励孩子从小事做起，对孩子的每一个环保行为及时肯定。

4. 小小环保督察员

习惯养成靠训练，但要以快乐训练为主，要让孩子有快乐的情感体验。人具有趋易避难、趋简避繁的心理，因此，要让孩子养成习惯的确不是件容易事。和学校比起来，让孩子在家庭中养成习惯更不易。这是因为和老师相比，父母的话往往不那么权威。比如，要求孩子养成遵守纪律，不随便插话的习惯，也许在学校里养成更容易些，但在家庭里却比较难做到。因为父母整天和孩子生活在一起，孩子在情绪上更放松，在行为上也更随便。但是，这并不意味着家庭在习惯培养方面无所作为。相反，家庭在习惯培养方面更可以大有可为，甚至有很多学校不具备的优势。例如，养成爱护环境的好习惯，父母可以请孩子当"环保督察员"，让孩子在家庭中有一份责任心，负责监督家庭成员是否爱护环境。这样，孩子做事有了动力，有了快乐，自然更容易养成好习惯。

5. 在家里创设"环保日"

习惯养成也不能贪多贪大，希望孩子一下子就变成一个父母期望的人。可以根据习惯养成目标迈小步进行，把大目标变分解成小目标，逐步进行养成训练。例如，在家里开设环保日，就是一个好办法。也许孩子做不到每天都按照环保要求去做，那么父母可以每隔一段时间设立一个环保日，起码孩子在这一天里会特别注意自己的行为。设立环保日的时间要缩短些，如果一个月一次，时间间隔太长，习惯难以养成。可以每周一次，以后渐渐三天一次。孩子尝到了环保的甜头儿以后，在生活中就会更注意自己的行为。也可以在日常生活中用要求孩子"节约一张纸"、"种植一棵树"、"节约一度电"，这些都是把大目标变成小目标进行训练的方法，更容易收到成效。

另外，父母们带孩子外出游玩时，心情放松了仍然不要忘记环保，这是每个公民的责任，更是父母培养孩子关爱环境良好习惯的重要契机。为了中国人的形象，为了自己的形象，也要从自己做起，把爱护环境看作与自己密切相关的事。

不给坏习惯留死角

一个人的道德行为受环境影响很大。大家也许都有这样的体会，当坐在会议室开会时，看见别人都安安静静地在开会，自己便不好意思大声喧哗；当走在十字路口，看见别人都遵守交通规则，自己便不好意思闯红灯……因此，父母在培养孩子良好习惯的同时，还要尽量考虑孩子成长的环境。例如，长期生活在整洁环境中的孩子，自然更爱护环境，因为看见不整洁的环境他会很不舒服。同样，要培养孩子环保和关爱环境的好习惯，就要在孩子周围营造各种细小的好习惯，不给坏习惯留死角，孩子自然也会慢慢养成好习惯。

1. 伦理学教授的经历

一位伦理学教授曾经讲过这样一个故事：她应邀到美国一位学者家里去做客，饭后帮助主人收拾餐桌上的垃圾，当她想把垃圾扔到垃圾桶里时，却到处找不到垃圾桶在哪里。于是她问主人，主人打开厨房水龙头下的橱柜，原来他们的垃圾桶竟然装在橱柜里。据这位教授介绍，很多美国居民都将家中的垃圾桶放在橱柜内，因为他们喜欢整洁的环境，即使家中的小小垃圾桶放在眼面上，也会让他们感觉不舒服。这样的环保好习惯不能不让人钦佩。爸爸妈妈要注意家庭环境，尽可能保持家庭环境整洁温馨，干干净净。还可以给孩子安排一个劳动岗位，让孩子也为家庭整洁尽一份力。

2. 爱打官司的李文

李敖的女儿李文被人们称为打官司成瘾的"投诉女皇"。她从美国来到北京居住之后，曾经同时打 6 场官司：一告阳光卫视，因为对方和她签约的"李文说理"电视节目没有按照说好的时间开始；二告物业违约，因为被人打破窗户两次；三告物业断水断电；四告房东隐瞒，卖屋给李文的刘太太事先未将房屋漏水问题告诉她；五告园艺师，做绿化设计时水池漏水、假山裂掉，还辱骂她；六告遛狗主人，在大堂里不拴狗，她提意见遭辱骂和恐吓。

为什么李文打官司上瘾呢？是她太追求完美？是她太各色傲气？在一些人看来，李文也太较真了，不就是一些鸡毛蒜皮的小事吗？在公共场所穿睡衣，不礼貌驾驶，不遵守交通规则，在小区里遛狗不拴狗，看电影大声讲话，物业管理不尽责等，这些细节在很多人看来无所谓，或者即使有意见也不敢说不愿说。曾有记者问李文是否也被别人投诉过，她自信地说："基本上没有，很少有人抓住我的把柄。但我常为了我的司机和保姆向别人道歉。平时开车，我就要求司机不要超车、打灯、按喇叭。有一次路上有辆车子为我的车让道，我让司机打开车窗向对方挥手致谢，我的司机说我'有病'，但我必须做好榜样。"

李文之所以这样做，和她曾经的生活环境有关系，也许她习惯了有秩序的、有规矩的生活，实在看不惯现实生活中存在的一些碍眼事情。此外，她不断地打官司，还是为了提高人们的文明素质。她说："虽然我赢了三场官司，却也花费很多时间和金钱，但这完全值得。这给了随便辱骂他人者一个警告。我李文做到的事，每一个人都能做到。聚沙成塔，只要共同努力，社会的环境就可得到净化。"

讲李文的故事，也是希望父母们明白，一个人的生活环境对文明素质的影响是很大的，因此父母要特别注重对小区生活环境的选择。如果李文长期生活在一个脏、乱、差的环境里，她有可能对这些"鸡毛蒜皮的小事"视而不见，甚至没有勇气打官司。

因此，父母们不仅要注意自己家的小环境，同时还要注意周围的大环境，应该大小环境兼顾。

3. 将习惯养成融入生活细节

对孩子爱护环境行为的评估，也要落实在日常生活的具体行为中。一方面，父母要根据家庭生活的实际状况给孩子确立一些行为标准，并制订执行的计划。另外一方面，父母要根据孩子在生活具体情境中的行为来评估孩子的习惯养成状况。

下面是知、情、意、行四个方面的指标，供参考：

知：知道什么是有益的环保行为，以及什么样的行为对人类有帮助。

知道什么行为是伤害环境的行为；

知道环保是每个人的责任，树立保护环境的意识，更深入地了解爱护生物、保护环境、保护生物圈是现代公民的基本素养和行为准则，形成人与自然和谐发展的环保意识；

加深对生物与环境间相互影响知识的理解，并进一步了解人类在其中的活动对环境产生的许多影响都具有全球性；

情：喜爱大自然中的一景一物，喜爱动物和植物；

用欣喜的心情对待自然中的风风雨雨、日月星辰；

用尊重的态度对待自然资源；

意：能克制自己的需求，不过分开掘自然资源，例如，不过多使用电、水，不吃受保护的野生动物、不使用一次性餐盒、筷子等；

行：从小事做起，节约一度水、一度电、一张纸；

爱护动植物，不伤害它们的生命；

将垃圾合理分类；

掌握科学处理环境问题的方法，如科学对待火山、污染、海啸等问题。

父母也可以和孩子一起设计一些评星方案，对孩子良好行为及时给予鼓励。但是，家庭习惯养成毕竟不是学校里的考试，过多的评价容易引起孩子的反感。建议父母最好采取润物细无声的教育方式，将习惯养成和训练融合在生活细节里。

第九章
在分享中感受爱

科学家的成功秘诀

记得曾在报纸上看到过几位科学家谈论他们的成功经验，一位就是著名的科学大师诺贝尔，他在读小学的时候，成绩一直在班里名列第二名，第一名是一个叫柏济的同学。有一次，柏济生病请了长假。这时班里的一些人都替诺贝尔高兴，认为现在没有人可以和诺贝尔竞争了。但诺贝尔却不这样，他没有沾沾自喜，而是每天认真记录老师的讲课内容，放学以后把讲课笔记送给无法上学的柏济。到了期末，柏济病好了，来学校里参加了期末考试。结果，柏济依然是班里的第一名，诺贝尔仍旧名列第二。

对此，同学们都议论诺贝尔太傻了，而诺贝尔却对这个结果高高兴兴。他和柏济成了好朋友。长大之后，诺贝尔成了一位著名的科学家，发明了火药，并成为世界首富。但这种在小学时就养成的良好品质一直影响着他，在成功之后，他也不忘记帮助他人，和他人分享自己的成就。当他死时，他将全部财产全部捐出，设立了著名的诺贝尔奖，每年用这个基金的利息，奖励在国际上对物理、化学、生理、文学、医学等做出重要贡献的人。

2000 年，美国艾伦·G. 马克迪尔米德教授获得了诺贝尔化学奖。当记者访问这位 74 岁高龄的老人，请他谈谈为人类所作贡献感想时，他深情地说：我之所以能立志为人类作贡献，要感谢幼儿园的老师。记者们目瞪口呆！他继续说，因为幼儿园的老师教会了我分一半东西给小朋友的习惯。

在我国古代也有"孔融让梨"的故事。幼小的孔融主动地把大的、更好的梨让给兄弟姐妹们吃，而自己吃小的。孔融的行为得到家中长辈们的表扬。后来这个孩子成为我国汉代有名的经学家和有修养的人。

这些故事告诉了我们相同的道理，那就是分享的重要意义。因为学会了分享，诺贝尔为人类作出了巨大贡献，因为学会了分享，艾伦·G. 马克迪尔米德教授获得了诺贝尔奖。在成功的人生路上，他们都得益于分享快乐这一良好习惯。这些故事还告诉我们，一个人小的时候养成懂得分享的良好习惯，与后来的成长、成就有非常大的关系。小时候就知道与别人分享的孩子，往往有更高的成就动机，有更多的亲社会行为。

然而，现在人们的生活改善了，物质条件越来越好，孩子却越来越小气了。《楚天金报》记者曾经描述了自己看到的两个场景[1]：

　　一名母亲带着儿子拿着文具到收银台付款，由于没有零钱，母亲便向身边的孩子借钱。"不，这是我的钱，我留着还有用的。""回家就还你……""我不，你和爸爸经常'黑'我的钱。"顾客们开始注意这对母子。脸颊微红的母亲教训孩子道："这是给你买东西啊！""你们说好给我买开学礼物的，怎么还要用我的钱？"儿子的话，让母亲一时语塞。

---

[1]赵莉. "好东西"不再与同学分享 孩子为何越来越小气？［N］. 楚天金报. 2006-02-19

无独有偶，开学后的一天，记者在武昌一所示范小学四年级教室里看到：一个女生拆开精美的食品袋，同学们立刻围拢来，伸出小手。"想吃的要付钱啊，一块巧克力一块钱。这可是我姑姑从法国带回来的！"同学们见状，纷纷散开，只有一两个同学果真付了钱，得到了巧克力。

随后，记者对班主任陈老师进行了采访。陈老师感慨学生们分享的习惯越来越少，更多的孩子习惯了独自享受，即使是春游，很多学生也不像大人们小时候那样，大家带东西分着吃，而是各吃各的。陈老师还讲起一次春游中发生的事，一位同学因为水喝光了，跟同学要水喝，谁都不愿意给他。无奈，这位学生只好花一毛钱从同学哪里买了一瓶盖水。

懂得分享在当代社会具有更重要的意义。在今天，人们的生活条件越来越好，很多家庭也只有一个孩子，"孔融让梨"的故事恐怕很少发生了。但是，在父母祖辈的重重呵护下，孩子们往往变得更自私霸道了，事事以自我为中心。这时，我们更应该培养孩子与人分享的好习惯，让孩子们在分享中学习与他人相处的经验和方法。

懂得分享有助于密切人际关系。乐于与人分享的孩子，在待人接物中，往往显得比较大度、得体、有礼貌，他们的社会适应更好，更愿意付出。相反，喜欢"吃独食"的孩子，在待人接物中，往往比较小气、计较、顾虑重重，通常不愿意主动付出，做什么事情喜欢讲条件，更容易出现交往障碍。

懂得分享是现代人应该具备的重要素质：心理学研究表明，懂得分享的孩子在成就动机和抱负水平上比自私的孩子更高一些，他们对人生和世界的看法更乐观，更自觉地遵守秩序和纪律。在生活中，我们也可以看到，那些行为大度，为人爽快的孩子，做事情不容易拖拉，显得更认真、更努力，自觉性更高，这样的人也更容易遵守规则，在集体中更乐于助人，不在乎得失，更容易接受别人的意见。抱负水平高的孩子，对自我的要求就可能更高，在做事情中就显得更努力和有责任心，从而也就可能达到更高的目标，取得更大的成就。胸怀大度的孩子，有更好的自我调控能力，能更好地调节自己的情绪和心理，忍耐性更强。这些心理品质也有利于孩子成功。

懂得分享还是一种新的学习方式。古人云："独学而无友，则孤陋而寡闻。"联合国教科文组织和一些国际性教育机构调查研究都认为，分享、合作是新世纪学习的显著特征：人们通过分享各自的感受、想法；分享学习和生活中的体验，无论成功的还是失败的；分析个人独立思考的成果；以群体智慧来解决个别的问题；以群体智慧来探讨学习上遇到的困难和问题……这样，通过"分享"这种学习方式，使人们告别孤陋寡闻，增进协作精神。

学习分享不要操之过急

要让孩子们认识到分享的重要意义，父母要考虑到孩子的年龄特点。心理学研究表明，一个人对分享概念的理解受到年龄的直接影响。在幼儿时期，一个人思维的主要特点就是以自我为中心。"自我中心"现象是指儿童由于心理发展的局限性而在认识和适应外部世界时总是不自觉地指向自己、站在自己立场上的现象。这个年龄段孩子，突出表现是在和他人交往时常常只想到自己，很难想到别人，只关心自己，难以理解别人的感受，主观地认为别人所想的和自己所想是一样的，意识不到别人与自己有许多不同。因此，我们在幼儿园里常常可以看到这样的情景：两个孩子为了同一件玩具发生争吵，或有的孩子宁愿自己拿着玩具不玩，也不愿把它让给别人玩。孩子的这种行为，就是自我中心化的外在表现。心理学家皮亚杰认为，儿童的自我中心化是一个认识论的概念，即他们在认识上所具有的特点，而不是一个道德上的概念，也就是说，不能把幼儿的这种以自我为中心的行为看成道德品质上的问题，认为他们自私、独占欲强等。随着年龄的增长，这种现象会渐渐改善，孩子们会逐步建立起自己与他人的概念。

1. 从学习交换和轮流开始

考虑到上面所说的年龄对分享行为的影响，父母在培养这种行为的时候，不能太着急，也不能上纲上线地认为孩子太自私了，对孩子的自我中心行为不断地批评、训斥，要让孩子从学习交换开始。

例如，一位母亲就经常带着 4 岁的儿子和小区里的孩子们进行"玩具交易"。空余时间，她和孩子带着几个小玩具到小区里，然后让孩子和邻居的几个孩子交换玩具。通过交换，孩子感觉到自己是个小主人，对自己的玩具有了控制意识，同时他也能在交换中学习到：拿自己的东西去交换，就可以有更多的玩具。交换中，他还会学习遵守规则，到了应该还回去的时间，就要及时将对方的玩具还给人家。这位母亲的经验是：交换的过程一定要让孩子们去做，而不要父母代替。

轮流也是一种好办法。只有一个玩具的时候，让孩子和其他小伙伴轮流玩，每人玩一小段时间。一位母亲介绍她的经验说："我有两个孩子，一个 4 岁，一个 7 岁。孩子一般能够好好地一起玩，但是，也常常为一件玩具而争吵。后来，我就买了一个小猪形状的定时器。每当孩子们一起玩的时候，我总是为他们设计相同的时间，时间一到，其中一个必须放下自己正在玩的玩具，让另一个来玩。这样，孩子们就学会了在属于自己的时间里玩，时间一到，他就不应该再霸占着，否则，会导致以后也没得玩。因为，我规定只要一个孩子违反了规则，玩具的所有权就归另一个孩子了。"

交换和轮流当然不是培养分享习惯的终极目的，但孩子这样做起来更容易接受，在内心里也会有安全感。当孩子学会了交换和轮流之后，再根据孩子的年龄引导孩子分享。

2. 体验分享的甜头儿

品德形成需要知、情、意、行几个方面共同努力才能收到良好效果。

因此，为了增进孩子们对分享行为的好感，父母们要多让孩子体验分享的快乐，这样他才能够认识到分享的意义，在和他人交往中也更愿意多进行这样的行为。

一位老师在教学中就注意使用这样的方法来帮助孩子们体验分享的快乐。她在自己的经验中写道[①]：

在学习中我常常用一些实例，让学生亲身体验分享的快乐和效率。每次接新班，我都要搞一次比赛。把全班同学随机分成两个大组，在单位时间内，大家都来背诵一篇课文。一组同学只能个人单干；一组同学可以自由寻找合作伙伴。最后检查背诵效果。每次都是合作组以绝对优势取胜。

我与同学们一同分析原因，最后大家一致归结成功的秘诀是：在相互提示下，学到了别人的好的背诵方法。我让学生从心底明白，分享能让人领先一步。因为每一个人的才干、智慧和个性有其独特性，所以在一个合作团体内，如果能够交互、分享、包容不同的特点，就会起到大于单一要素的整合作用。分享合作学习，能够充分保证我们在创造性的学习任务中，更多更高效地学到真实的本领。

让孩子尝到分享的甜头儿，不仅分享的结果要快乐，还要注意分享的过程也要让孩子感到快乐。有的父母为了让孩子学会分享，使用强迫性的言语，例如，"你怎么这么自私？快把玩具给小弟弟玩玩！""把苹果给妹妹一个，再那么贪心我就不领你出来玩了！"有的父母干脆就采取强迫性的行为，从孩子手里夺过一个玩具或者苹果给其他人。这样做虽然让孩子在后来感受到了分享结果是快乐的，但分享的过程却让孩子痛苦。他们可能被训斥，被剥夺，有这种情感体验的孩子难以真正学会分享，有时即使他们采取分享的行为对待他人，也不够诚意，甚至变得虚情假意。

---

①杨心榕. 学会分享［N］. 泉州晚报. 2006-03-19

正像俄国伟大的作家托尔斯泰所说："神奇的爱，使数学法则失去了平衡，两个人分担一个痛苦，只有一个痛苦；而两个人共享一个幸福，却有两个幸福。"通过各种渠道让孩子感受到分享的快乐，他们会爱上这种习惯的，在生活中会通过分享共同快乐。

3. 小故事大道理

下面的两则故事家长们一定看到过，不妨经常找一些有启发意义的故事，讲给孩子听，让故事带给孩子启示。

一则故事说的是上帝带领一名教士去参观天堂和地狱：

有一天，上帝对一名教士说："来，我带你去看看地狱。"他们进入了一个房间，那里有许多人正在围着一只煮食的大锅坐着，他们眼睛直呆呆地望着大锅，又饿又失望。每个人手里都有一只汤勺，因为汤勺的柄太长，所以食物没法送到自己的嘴里。

"来，现在我带你去看看天堂。"上帝又带着这名教士进入了另一个房间。这个房间跟上一个房间的情景一模一样，也有一大群人围着一只正在煮食的锅坐着，他们的汤勺柄跟刚才那群人的一样长。所不同的是，这里的人又吃又喝，有说有笑。

教士看完这个房间，奇怪地问上帝："为什么同样的情景，这个房间的人快乐，而那个房间的人却愁眉不展呢？"上帝微笑着说："难道你没有看到吗，这个房间里的人都学会了喂对方？"教士恍然大悟。

另一则故事说的是动物麻雀和红襟鸟的故事：

20世纪30年代，英国送奶公司给订户送牛奶，都是直接用瓶子装好送到门口，既不用盖子也不封口。人们发现，这些奶瓶子经常引来一些麻雀和红襟鸟，鸟儿们把尖尖的嘴巴伸到瓶口去，这样便可以很容易地喝到凝固在奶瓶上层的奶油皮。为了客户的利益，牛奶公司开始把奶瓶口用锡箔纸封起来，想防止鸟儿偷食。结果，专家们发现，20年后麻雀们依然会用嘴把奶瓶的锡箔纸啄开，继续吃它们喜爱的奶油皮，但是红襟鸟却喝不到瓶口的奶油皮了。这是为什么呢？原来，麻雀是群居鸟类，它们常常一起行动，一只麻雀发现了啄破锡箔纸的方法，便分享给其他麻雀。红襟鸟喜欢独居，它们圈地为主，沟通仅止于求偶和对于侵犯者的驱逐。因此，就算有某只红襟鸟发现锡箔纸可以啄破，其他的红襟鸟也无法知晓。

第一则故事告诉我们，只有懂得分享和给予，懂得互爱互助，才能把世界变得像人们心目中的天堂一样美好。天堂和地狱本是没有的，但人们却给它们赋予了意义。故事告诉我们天堂的人都学会了互相帮助及时分享，正说明人们对这种美好行为的向往。而在地狱里，吝啬鬼们宁愿自己饿死，也不愿去喂对方。第二则故事告诉我们，动物都学会了分享，作为人类更应该在分享中互相帮助，分享不仅仅是爱他人的行为，也是爱自己的行为。分享给他人的同时，自己一定会有收获。

当然，父母还可以选择生活中的一些故事，如学校或社区小伙伴的故事、古今中外的名人故事、社会上发生的新闻事件等讲给孩子们听，让他们认识到分享的价值和意义。孩子们学习到的人物，可以是现实生活中的，也可以是电视剧中的，但这些故事要直观形象，容易被孩子们接受。

分享要有原则

任何行为习惯的养成，都是有标准的。标准恰当，习惯养成更容易，也更牢固。如果标准不恰当，习惯就会成为枷锁，不仅难以养成，也会给人带来痛苦。分享的习惯也是这样，爸爸妈妈在教给孩子分享的同时，一定要让孩子了解分享的原则。

1. 不要强迫孩子分享

乐于分享的重点在"乐于"，因此首先要尊重孩子的意愿。这是分享习惯的第一标准。前面也讲过，让孩子认识分享的意义，要让他们在过程中和结果上都感到快乐。在培养这一习惯时也是一样，要尊重孩子们的意愿，他们乐于进行的行为才是真正的分享，否则有可能培养出"两面三刀"、"虚情假意"的孩子，也有可能让孩子对这一行为反感。

有的父母为了让孩子显得"更有教养"，采取当面教子的方法，越是人多的时候越要教育孩子把自己的东西分给他人一部分，如果孩子不愿意就采取强迫的方法，这样做有可能会让孩子更缺乏安全感。

共享是一种明显的利他主义行为。孩子的共享行为通常取决于以下几个因素：

● 年龄：一般来说，儿童的共享行为与年龄具有正相关，年龄大些的儿童较愿意共享，或显得较为慷慨；

● 奖励：强化儿童共享行为的有效方法是直接奖励他们的慷慨行为，这种行为会给他们带来积极的情绪体验；

● 准则：对互利互惠准则的认识，可能增加儿童的共享行为。当儿童懂得共享行为能使他产生积极的情绪体验——即这种行为使他感到愉快时，共享行为更容易形成；

● 榜样：好的榜样将对儿童产生巨大影响。

从上面几点来看，父母在培养孩子这一习惯时，要帮助孩子认识到互惠互利的准则，让他们在分享中感受到积极的情绪体验。而要认识到这一准则，前提是尊重孩子的意愿。

2. 不要把不想要的东西拿出去分享

随着社会环境的变化，一方面，人们的生活也发生了较大变化，很多家庭从过去的大杂院变成了现在的独门独户，从过去的多子女家庭变成了现在的独生子女家庭。因此，孩子渐渐变得"独"起来。另一方面，父母们在教育子女时也存在怕孩子吃亏的心理，孩子拿了玩具出去玩，有的父母会说："这么贵的玩具，你就应该在家里玩，拿出去会被小朋友弄坏的！"朋友送来珍贵的食品，父母也会只留给孩子一个人吃。这些言行，都会助长孩子的独占欲望，使他们变得自私，心中没有他人。

还有些父母，在培养孩子分享行为时，教孩子把家里自己不喜欢的、不想要的物品拿出去和伙伴分享。例如，同学要过生日了，妈妈会说："给同学送个礼物吧，在家里找一找，有没有什么你不想要了的玩具送给他一个！"或者说："反正这本书你也不喜欢了，就送给同桌吧，她会很感激你呢！"父母的这种做法，其实是在培养一种虚假的分享行为。与人分享，是真心诚意地给予，它建立在爱他人、尊重他人的基础上。与人分享不是施舍，更不是居高临下的恩赐。

一位母亲就经历了这样的过程。她介绍说：

住在城市的楼房里面，邻里之间是很少串门的，因为怕吵，我从未让别人家的孩子到家里玩，有时出去玩，儿子要拿玩具，我还吓唬他："拿到外面，就会被别的小朋友给要走了。"渐渐地，孩子变得自私、蛮横。现在想起来，这是非常错误的，为了能让儿子学会分享，我鼓励他邀请其他的小朋友到家里一起玩他的玩具，哪怕是家里被搞得一团乱。我还主动让他把一些玩具带到外面，和大家一起玩。一开始，他说别的小朋友给我弄坏了怎么办呢？我对他说：你们小心点，别摔就不会坏了。即使弄坏了，妈妈也会帮你修好。经过一段时间的努力，孩子们渐渐能和小伙伴们打成一片了。

所以，培养孩子分享的良好习惯，要注意引导孩子真诚对待他人，让孩子诚心诚意地把好的物品分给他人。

3. 不是忍气吞声地去分享

分享不是一味地忍让。如果孩子为了分享而一味地退让，或者忍气吞声，这不是真正意义上的分享习惯，反而让孩子对分享这一行为感到厌恶。所以，父母要和孩子一起制定一些适当的分享规则，让孩子了解这些规则，这些规则也就是这一习惯的一些标准。当孩子和伙伴交往时，或者在家庭生活中，就可以按照这些分享规则进行，这样，孩子不会对自己的行为感到忧虑，父母们也不需要担心孩子是不是太霸道，太自私，因为您已经帮助他建立了分享的规则。

4. 分享也要分担

教会孩子分享的同时，父母还要注意引导孩子学会分担。分担，其实也是分享的另一面，也就是说，让孩子学会分享，不仅是要孩子懂得分享自己的快乐给他人，和他人一起分享物质及精神上的财富，还要学会和他人一起分担重任、痛苦、困难等。在培养分享习惯时，要注意这方面行为的养成。这样的分享行为才真正具有养成价值。

学会分享需要环境支持

环境是人赖以生存和发展的物质、社会、心理条件的综合，是儿童发展的资源。家长要在生活中注意营造分享的环境。分享环境不仅仅指物质环境，还包括心理环境。

1. 家庭成员保持教育一致性

营造习惯养成的良好环境，家庭成员之间首先要保持教育的一致性。

一方面，父母的态度要始终如一。对孩子的不良行为，如果父母有时指责他们，有时又允许甚至鼓励他们那样去做，孩子就会对自己的行为产生困惑。例如，有的父母在家里要求孩子分享，要求他们懂得孝敬老人，将好吃的食物分给爷爷奶奶、爸爸妈妈一份，但在外面却生怕孩子吃亏，总是教育孩子"要抢大个的，别那么窝囊"，这样不同的教育态度，自然难以营造起分享的良好氛围，孩子乐于分享的行为也自然难以形成。

另一方面，家庭成员之间也要保持态度的一致性。如果爸爸妈妈一个态度，爷爷奶奶一个态度，孩子也难以形成分享的良好习惯。有的家庭里，父母要求严格，在各类生活场景中都希望孩子懂得分享，而爷爷奶奶因为爱护下一代心切，尤其怕孩子吃亏，总是告诉孩子"中午在学校吃饭多吃点儿，我们可是交了好多钱呢！""你的玩具不要给邻居小朋友玩，这个是国外带回来的，弄坏了可不好修！"这样不一致的家庭教育环境，自然也难以形成良好的生活氛围。

2. 创设分享的心理环境

父母要与孩子之间建立温暖的亲子关系，这也是形成分享习惯的重要因素。研究表明，在和谐的家庭环境中生活的孩子，更懂得尊重他人。由于具有了尊重的基础，孩子们更愿意与他人分享。因此，父母要尽可能努力地与孩子建立温暖的、和谐的、友爱的亲子关系，这样的家庭环境更有利于孩子形成分享好习惯。另外，如果孩子与父母之间有着较好的亲子关系，那么他也更容易听从父母的教育，对父母的教育措施更认真地去执行。因此，和谐的亲子关系也是家庭环境的一部分，不可忽视。

建立温暖的亲子关系，实际上也是在创设分享的心理环境。例如，父母可以对孩子说："今天我有件快乐的事情要告诉你，让我们一起分享快乐！""你有什么烦恼告诉爸爸妈妈，我们一起想办法！"父母如果经常和孩子这样交谈、交往，就是在鼓励孩子与他人分享。因此，父母或教师一些引导的话语、赞许的目光、微笑的面容、亲切的点头，都会给孩子极大的鼓舞，让孩子更加自觉自愿地做出分享的行为。

3. 重视分享的物质环境

分享不仅仅是一种心态和意识，也需要一定的物质环境支持。一些学校特别重视分享的物质环境创设，用环境引领孩子学会分享。这种方法在家庭中也可以使用，家长们不妨参考一下。

一位老师介绍了他们在幼儿园实施的教育活动。该幼儿园在培养孩子分享好习惯时，很注重班级墙面内容的设计。老师们鼓励孩子主动参与，和老师一起布置教室的墙面。在共同创作中，孩子们学会了合作，了解到只有分享每个人的劳动，才能更好地合作，才能有更好的环境。不仅如此，幼儿园还设置了一个分享角，鼓励小朋友们把自己的玩具、图书拿来放在分享角，与大家分享。

家庭中也可以设置一个分享角。例如，用阳台或者客厅一角，家庭成员每天买回自己喜欢的小食品、图书等与其他成员分享。还可以设置家庭分享日，在这一天里，每个家庭成员都要为其他人分享一下，可以是一个菜、一种水果、一本图书或者一个好电影。

分享也不仅仅局限于物质。大家可以分享自己一天的见闻或情绪，开心的，烦恼的，生气的，忧虑的，恐惧的，快乐的，激动的，都拿出来说说，每天分享十分钟。

手把手教孩子学分享

也许父母们会问：分享还需要教方法吗？不就是把自己的东西分给别人吗？这样的想法未免有些简单了。有时候，孩子们对与他人分享物品或者分享快乐也是具有恐惧感的，比如，给朋友送礼物或许会感到羞涩；对朋友是否会喜欢自己的礼物没有信心；当众讲述自己的快乐体验时怕被大家笑话，或者担心自己说话没有别人有魅力。因此，父母要手把手教孩子一些分享的方法。

1. 经常性地创设分享情境

当孩子和伙伴交往时，或者孩子与家里的长辈相处时，父母可以多创设不同的情境让孩子学会分享。例如，有的父母鼓励孩子多和小伙伴交往，并允许孩子将伙伴带到家里来，和孩子共同分享他的玩具、图书等。有些孩子不舍得将自己的玩具给小朋友玩，不舍得将自己的图书给伙伴看，这时父母就利用这样一个生活情境，引导孩子学会分享。父母会说："你想不想有更好玩的玩具？拿一个你的玩具和小朋友换着玩吧！"或者，当孩子看到别的伙伴有一本好看的图书时，父母会说："想看那本书吗？想个好办法吧，你一定可以看到那本书的！"然后，父母可以引导孩子向伙伴借图书，让孩子在日常生活的情境中学习分享。

2. 设立专门的分享时间

这是某幼儿园的好方法。为了经常训练孩子们的分享行为，他们设立了专门的分享日，例如：

图书分享日：在这一天，让孩子将自己喜爱的图书带到幼儿园去和小伙伴们分享，大家交换着看书，享受一天分享的快乐；

经验分享日：在这一天，孩子们可以将自己的成功经验或者最近的成绩向他人展示，让大家一起分享成功的自豪感；

美食分享日：在这一天，让孩子们从家里带来各自喜爱的食品，和小伙伴们分享着吃，让大家享受美食带来的快乐；

……

之所以定期设立这些分享日，是为了强化孩子们的分享意识，在这一天无论是老师还是孩子都会不断地感受到分享的快乐。这种方法在家庭中也是可以用的，每逢节假日或者家人的生日，都可以设立为分享日，让孩子把美好的祝福、生日的礼物等送给家人，也可以在这一天由孩子给亲人们送去最好的祝福。

当然，父母们还可以在一天中设立固定的分享时间，例如，每天晚上用半小时时间家人一起分享一天的快乐，孩子讲讲在学校里的见闻，爸爸妈妈讲讲在单位里新鲜事儿，这些活动都可以不断强化孩子的分享行为。幼儿园、学校也可以采用这种方法，例如，有的小学每天晨间都为大家提供 10 分钟的分享时间，在这段时间里，孩子们可以上来把自己知道的新闻讲给大家听，也可以将准备好的拿手歌曲、舞蹈、诗歌、谜语、故事等分享给同学们，这种分享活动让孩子们不断受到强化训练，日复一日逐渐养成分享习惯。

3. 教给孩子分享的具体方法

一位母亲对此深有体会，她说自己是在"手把手教孩子懂得分享"。怎样"手把手"呢？这位母亲了解女儿的心愿，教师节时，她和女儿一起制作了卡片，并带着女儿去给老师送卡片。她认为第一次应该陪伴孩子。她总结说："教师节时女儿总想送点东西给老师，让她带卡片去，她总是说不敢。我认为第一次父母可以带着她，一起送给老师，和老师交流。老师赞扬了孩子，孩子在给予的过程中得到了快乐，渐渐有了分享的经验。依次类推，慢慢教育，让孩子慢慢学习。现在我女儿已经很喜欢把家里的小玩具带出去，说送给好朋友们。"

父母在家中也可以经常和孩子讨论这样的话题，如"怎样和同伴合作玩"、"别人想玩你的玩具时你该怎么办"、"你想玩同伴的玩具时该怎么对同伴说"、"你拿到同伴的玩具后该说什么"，在讨论中帮助孩子找到分享的方法。

4. 父母要留一半爱给自己

天下的父母都是爱孩子的，因此也常常容易犯"爱的错误"，就是把全部的爱都给孩子，在家里给孩子特殊的地位，让孩子变成了小皇帝、小太阳，这样的爱难以帮助孩子养成分享的习惯，因为从小到大他的心里都没有装过别人。

一位母亲苦涩地谈起了自己的经历：

孩子从小到大，我们都对他宠爱有加，爷爷奶奶也特别宠着他。我们这地方偏僻，一些新鲜水果总是来得晚，而且价格很高。但是，这并不影响我们对孩子的爱，樱桃刚上市时，一斤要30多元，可我却偷偷给孩子买了5元钱的，也就10多个。我们都不舍得吃，就留给孩子吃。那天，他正吃着的时候，爷爷走进来，我挺尴尬，就赶紧对孩子说：快给爷爷吃一个！谁知道孩子却护在背后不肯给，我觉得很没面子，就夺过一个给递给爷爷，没想到儿子见状大哭大闹，还骂爷爷。

爷爷赶紧说：爷爷不吃，都留给宝宝……可这"宝宝"还是哭闹不止，甚至跳起来把那几个可怜的樱桃踩烂了！这件事让我很伤心，大人哪会真的吃孩子的东西呢？这孩子怎么就这么不懂道理呢？

这位母亲也许没明白，正是他们对孩子的谦让，正是他们从来不和孩子争嘴吃，才使孩子形成了这样骄横的行为。因为长期的家庭生活模式让孩子形成了心理定式，在他幼小的心灵中理所当然地认为一切好东西都应该属于自己。在这样的呵护下长大，他怎么可能形成分享的良好习惯呢？

生活中经常看到的场景都是父母让着孩子，甚至全家人，从祖父祖母到爸爸妈妈都把最好的食物留给孩子。母亲燕冰寒也遇到过类似的问题，但是在儿子四岁时她想教会孩子分享时却遇到了阻力。那天，家里做了一大盘红烧猪蹄，这是儿子最爱吃的菜。猪蹄做好刚刚拿到桌子上，儿子就迫不及待地吃起来。看着儿子津津有味的样子，妈妈心里高兴。可是，当妈妈刚用筷子夹一块猪蹄时，儿子却大喊一声："别动！别吃！都是我的！"

妈妈一时愕然，儿子怎么能这么自私呢？于是她问儿子："妈妈为什么不能吃？"儿子说："不能！你不是说给我买的吗？不是说做给我吃的吗？你说我吃了能长得高长得壮，为什么你还吃？你都那么壮了。"妈妈和儿子理论说："这么一大盘，你就一个人吃，能吃完吗？""吃不完我留着晚上吃。"儿子依然不肯分享。无法说服儿子，妈妈执意地吃了一块。儿子一看猪蹄被妈妈吃了一块，扔下筷子坐在地上大哭起来，妈妈过去哄他，他还用拳头捶打着妈妈。

针对孩子的这种情况，燕冰寒女士及时从自己身上找原因，她认识到：只有做错事的父母，没有做错事的孩子。出现这种状况，也是因为平时的言谈举止让孩子有了这样的感觉。她反省到："我尽自己所能的倾泻对儿子的爱，好东西留给他一个人吃，每年换季都会给他买新衣服，只要他想要的玩具总是想尽办法满足要求。老公反对，我却和他争吵，总认为我自己小时候物质极其贫乏，绝不让儿子再过一个没有快乐的童年。却忘了一件最为重要的事，快乐不快乐并不是以物质的多少来决定的。相反的，拥有越多，欲望就会越多。这样的结果反而是造就了他自私、蛮横，一种理所当然的唯我心理。

后来，这位母亲决定改变这种情况。她的方法就是学得"自私"一些，给自己留一半的爱，让孩子学会分享。家里再买了好吃的，她不像以前那样都端到孩子面前，而是只给孩子拿一人的分量，如一个桃子或一块蛋糕，其余的食品家里人吃。以前，妈妈总是把桃子洗好后全部端到儿子跟前让儿子先挑，把买来的蛋糕都留给儿子吃，直到他吃剩下再也不想要了，家里其他人才吃。刚开始，儿子很不情愿这种改变，有时会哭闹，有时会不高兴。家里的大人也不习惯这种方式，总觉得和孩子争嘴吃心里不踏实，甚至觉得对不起孩子。

通过一段时间的努力，儿子逐渐有了改变。吃东西时，儿子都能够先分给爸爸妈妈一份，然后自己才开始吃。父母的坚持终于改变了孩子。

5. 对孩子的分享行为及时鼓励

与人分享可以说根源于人的本性中。孩子在很小的时候就有与人分享的行为出现，比如把自己的玩具给别的小朋友玩。父母对孩子这样的行为要及时给予鼓励。父母的及时强化，能增强孩子的分享行为和亲社会行为。前面我们讲过，适当的奖励对孩子共享行为的形成具有重要作用，"强化儿童共享行为的有效方法是直接奖励他们的慷慨行为，这种行为会给他们带来积极的情绪体验"。因此，父母要及时鼓励孩子的分享行为，并真心实意地去赞扬孩子们的行为。不要因为孩子分出去的物品昂贵，就把孩子训斥一顿，也不要因为孩子给伙伴讲了学习秘籍，就斥责孩子"没头脑"。

分享是 21 世纪公认的重要素质，也是现在的儿童必须具备的习惯。

经过一段时间的养成教育，父母或者老师要及时对孩子的习惯养成效果进行评估，并从中发现不足，对养成策略进行适当的修订。

知：懂得什么才是自己应该拥有的，什么是他人应该拥有的；

懂得人与人是相互依存的关系，分享是人类生存的基本条件；

情：认为与他人分享是快乐的事情；

愿意将自己的快乐与人分享；

用快乐的心情分享他人的成功；

意：不独占、不任性、不霸道；

不嫉妒他人，不自私自利；

行：站在他人角度理解他人的愿望和心情；

和朋友、家人分享快乐和成功；

用正确的方式与人分享。

在根据上述项目进行评估时，父母或教师也可以通过创设一些情境、活动来评估孩子习惯养成的效果。但评估时一定要注意习惯养成的差异性。发展心理学认为，每个个体先天的遗传因素和后天的家庭、环境、教育都是不同的，因此人与人之间是存在差异的，而且有可能差异很大。例如，在生理上、个性结构上、认知风格上、智力上等。因此，在对效果进行评估时，千万不可"一刀切"，不要因为孩子在某一方面没有达到标准，或者与他人有较大差异就训斥孩子，或者用消极语言进行评价。

第十章

热爱生活是爱的源泉

从多次轻生到热爱生命

第一次知道周士渊这个名字，是在《北京青年报》上，文章里说他本是清华大学的毕业生，由于性格上的缺陷，从全国最高学府的天之骄子走向毁灭自己的自杀边缘，并为此付出了整个青春岁月。后来，因为这一沉重的代价使本来学水利的他做起了成功学研究，他研究了古今中外很多成功学方面的著作，终于找到了"习惯"这一几乎对人生最最重要的东西，同时结合自己的亲身经历应邀在全国各地进行演讲。用他的话说："我的价值就是把我的经验教训告诉别人，让别人别再犯同样的错误。"

第一次见到周士渊是在我们的办公室里，周老师精神饱满、神采飞扬，说起话来铿锵有声。他给我们送来了他的演讲著作《终生的财富——习惯·性格·命运》，还热情洋溢地为我们朗诵了他为奥运会申办成功写的长诗《永恒的一刹那》和他最喜爱的一篇精美的散文《我要用全身心的爱来迎接今天》，那一刻，我们觉得他是个诗人，甚至情不自禁想为他鼓掌。

第二次见到周士渊是在他演讲的地方。他声如洪钟，热情洋溢，站在讲台上给大家演示习惯给他带来的好处。那时已经 60 岁的他，低头把腰慢慢弯下，膝盖绷直。先手指尖触地，继而又整个手掌着地，使全场听众震惊。然后，他又双腿左右叉开成大"八"字，两手握住脚后跟，慢慢弯腰，头顶渐渐向地面接近，最后竟然整个头顶触到了地面上。他告诉大家，当初他看到自己的四姐能这样做时，他也回家这样试着练习。没想到，由于养成了练习的习惯，每天坚持，从 2 月练到 8 月，仅仅半年就已经能够触到地面，可见习惯的价值和坚持不懈做一件事的威力，全场爆发热烈的长时间的掌声！

周老师用"惨不忍睹"来形容他的过去——年轻时由于心理脆弱，一次小小的误会导致他消极、逃避和自责，于是三次上吊，撞墙、吞沙子，见自己还是死不了，干脆拿着一瓶液体就喝下去，事后他才知道喝下是98%的浓硫酸。虽然抢救及时救回了一条命，但他还是被切除了十分之七的胃，气管也被切开，许多内脏器官严重损伤。

为什么会这样呢？周老师认为年轻时的自己对生活缺乏热爱之情，看问题总是消极的时候多，结果导致了性格缺陷，并走上了自杀的道路。他后来总结说：目标就像织女，是你所追求的漂亮的东西，而习惯则像是牛郎，很勤恳、踏实。目标和习惯加起来就是"天仙配"。成功人生的首要习惯就是要有积极的心态，这样才能热爱生活。周老师总结自己后来的变化时认为，最根本的是改变了心态，用积极乐观的心态去看待一切，用热爱生活的习惯去对待每一天，热爱生活是一切爱的源泉。

很同意周老师的说法。为什么说热爱生活是一切爱的源泉呢？这是因为一个人只有热爱生活，他才能热爱生活中的点点滴滴，比如爱父母、爱同学、爱老师、爱他人、爱周围的环境等。一个热爱生活的人，他才会去用心经营身边的一切，去善待身边的一切。

另外，热爱生活也是一种坚强的信念，它会支撑着人们面对生活中的挫折和困难。在人的一生中，总会遇到这样那样的挫折，如果缺乏热爱生活的心态，就会被困难吓倒，甚至逃避生活，放弃生命。而那些热爱生活的人，即使在艰难困苦中也会发现生活中的美。例如，《钢铁是怎样炼成的》的作者奥斯特洛夫斯基在战争中全身瘫痪，双目失明。尽管遇到了这样的遭遇，但他却经受住了生活的考验和磨炼，用顽强的意志和对生活的热爱，写下了感动世界的这部传世之作。谈起生活，他说："只有像我这样发疯地爱生活、爱斗争、爱那新的更美好的世界的人，只有我们这些看透和认识了生活的全部意义的人，才不会随便死去，哪怕只有一点机会就不能放弃生活。"

所以我们才会说，热爱生活是爱的源泉。因为热爱生活，就有了一切爱的理由，就会对生活中的各个元素充满爱心。而要做到这些，首先需要一个人有积极的人生态度，用乐观的心态去对待身边的事物。心理学家马丁·塞利格曼根据研究还发现，乐观不仅是一种迷人的性格特征，它还能够给人们提供心理免疫力。他曾做过高达 1 000 次的研究，被研究的人数达 50 万人，结果发现：乐观的人不易患忧郁症；乐观的人遇到困难时会用乐观的态度去克服；在学校里，具有乐观情绪的孩子比那些悲观的孩子学习成绩要好得多；具有乐观情绪的孩子在智力和品质方面发展也要更完善一些。

因此，热爱生活可以说是爱的开始。父母希望孩子生活幸福，就从培养孩子热爱生活的态度开始吧！当一个孩子用乐观的态度去看待周围的一切，他的内心会充满阳光，会勇敢地面对生活中的一切。这样他才会真正感受到生活的幸福，他也会因此善待身边的人，身边的事，会把自己的爱心洒向周围的世界。当他遇到挫折和困难的时候，他也会换个角度去看待生活，把生活中的不如意变成一幅画、一首诗、一段美妙的音乐。

于细微处感悟生活

热爱生活首先对生活要有正确的认识。只有当一个人对某种事物产生了正确的、全面的认识，他才能做到爱这个事物，或者说理性地去对待这个事物。生活也是一样，生活中有酸甜苦辣，父母要做个有心人，抓住一切契机帮孩子认识这些。另外，父母还要特别注意从生活细节出发，帮助孩子感悟生活的美好。

1. 通过网络、电影、电视等媒介帮孩子认识生活

当您和孩子一起讨论某个网络视频时，可以从视频中看到生活的美好，例如，天上的云，地上的花，水中的鱼……您还可以用某些网络新闻中主人公坚强对待生命不屈服的故事作为引子和孩子一起讨论什么才是生命、生存、生活。

当您和孩子一起看电影时，可以就电影中的内容和孩子探讨人生的意义。

当您和孩子一起看电视节目时，可以围绕着生活的内涵就某个专题片进行讨论、争辩、交流。

总之，父母可以找到无数这样的机会，目的也只有一个，就是让孩子认识到生活中有快乐，有幸福，也有挫折和困惑。

当然，父母也要结合孩子的年龄特点进行教育，对年龄低幼的孩子，要以讲故事、做游戏等方式进行，对年龄大一些的孩子，可以通过谈心、交流、讨论、辩论等形式进行，也可以让孩子读书、看节目之后写写感想。

2. 经常带孩子亲近自然

大自然是广袤的，生活在大自然中的人往往心胸开阔，性格开朗。当冬季我们走在辽阔的雪原上，我们能感受到心灵的静谧安详，当夏季我们来到一望无际的大海边，我们能体验到浪花对心灵的涤荡。建议父母可以

经常组织各类家庭活动，带孩子到大自然中去走走，让他感受一下春花秋月，雨雪风霜，大自然中的一草一木、星辰日月，都会给孩子带来感动和思考，让他们对生活中的一切产生爱恋之情。当然，在这些家庭活动中，父母也要多注意引导，帮助孩子感受生活的美。

3. 敬畏生命

敬畏生命可以说是热爱生活的最重要标准。我们都知道，生活首先由世界上的每一个人组成，没有人的存在就没有丰富多彩的生活。同样，我们的生活中也少不了其他的生命，例如动物、植物。因为它们构成了我们的生物链，他们使我们的生活多姿多彩。因此在本书的第一课，我们就提出了珍爱生命这一良好习惯的养成。只有珍爱生命，才能热爱生活。同样，一个热爱生活的人，必须珍爱生命，敬畏生命。一个珍惜生命、敬畏生命的人，生活决不会辜负他。敬畏生命还要好好地享受生命，感受生命的美好和动人之处，无论是痛苦还是甜蜜，无论是分手还是重逢。父母要在日常生活中做到敬畏生命，用善良美好之心对待小动物，对待身边的花草树木，对待身边的朋友甚至陌生人。

4. 不断追求生活中的美好事物

热爱的主要特征是对某件事物充满了兴趣和新鲜感。一个热爱生活的人，会对生活中美好的事物充满渴望，会不断去追求生活中的美好事物。什么是生活中的美好事物？一切真善美的事物都是生命中的美好事物。例如，大自然的风霜雨雪、日出日落、花草树木、山山水水，都是真实的，它们带给人们生活的资源。因此我们要爱护大自然；尊重他人，善待他人，与他人团结友爱、友好合作的行为，也是真善美的，这些行为就应该是我们努力的目标；孝敬父母，尊敬长辈，遵守法律和规则，这些行为是中华民族的优良传统，是值得赞赏和钦佩的行为，这些也是我们应该努力追求的美好事物……总之，热爱生活的人，要对身边的美好事物有热爱之情，怀着欣喜的心情去看待一切，并努力去追求这些美好事物。因此，父母要经常保持感恩之心，感谢日月星辰带来的每一天。用这种美好的心态对待生活，自然是一个热爱生命的人，孩子也会深受影响。

5. 乐观迎接生活的挑战

生活的轨迹并非处处如我们的期望，但一个热爱生活的人就要乐观地去迎接生活的挑战。因此要有积极的心态，要用平静的心情迎接生活中的挫折，用乐观的情绪对待生活中的挑战，并通过自己的努力去战胜困难。这样，即使生活中有困难有挫折，热爱生活的人也能用乐观的心态去对待。相反，那些厌倦生活的人，即使生活没有什么大的挫折，他们也无法承受生活的平淡。如果生活有些风风雨雨，坎坎坷坷，他们就更难以支撑下去，更谈不上用乐观的心情去对待。

6. 热爱生活体现在方方面面

说起热爱生活，可能有的父母觉得这个习惯太大了，也太虚了，不像"孝敬父母"、"爱护小动物"等良好习惯那样具体。一个热爱生活的人应该是什么样子的呢？也许父母们觉得一下子说不清楚，其实，热爱生活的良好习惯体现在生活的细微处，例如，言谈举止乐观向上，经常用微笑对待他人，遇到挫折不怨天尤人，用友善的心态对待他人等。因此，对这一习惯的标准，可以很具体，具体到对人、对事、对物提出不同的标准。

一位高中学生提出了几个热爱生活的标准，或许对父母、教师们有启发意义：

热爱生活，就是常常注意到身边的美好事物，你能感叹白云的轻灵飘逸，也能为坚石的执着所感动；热爱生活，就是细心保护自然环境，把碧绿还给大地，把蔚蓝还给天空，让人类回到梦开始的地方；热爱生活，就是永远保持希望与自信，即使面对绝望的深渊，也在心中默念"天无绝人之路"；热爱生活，就是总有乐观向上的心情相伴，下雨的日子里我们就去折纸船，起风的天气恰好可以放风筝；热爱生活，就是宽容地对待周围的人，仇恨是用别人的错误来惩罚自己，善待他人就是善待你自己；热爱生活，就是知足地要求自己，富也安然，贫也安然，名也不贪，利也不贪，无欲念之乱性，无追逐之劳形；热爱生活，就是尽情地投入运动的怀抱，去感受运动的激情，生命在于运动，运动创造人的智慧，运动健全人的身心，运动之中其乐无穷；热爱生活，就是贪婪地吮吸知识的甘霖，活到老学到老，知识就是力量，知识就是财富，乐于读书，勤于学习的人，永远不会被时代淘汰；热爱生活，就是把握心中的每一次感动，感激别人为你的每一次付出，感激别人给予你的每一次帮助，世界就会不停地为爱转动；热爱生活，就是全力以赴心中的梦想，结果也许并不重要，投入的快乐才是最大的享受，何况人生处处都有意外的惊喜。

上面这些方面都是热爱生活的表现，所以这个习惯看起来很大，实际上都是生活中的细节。但父母或教师也要注意的是，不要给孩子的要求太多，以免引起逆反情绪。

最重要的是积极心态

也许大家都熟知这样一个故事：两个欧洲人到非洲去推销皮鞋，由于炎热的非洲人向来都是打赤脚，第一个推销员看到非洲人都打赤脚，立刻失望起来："这些人都打赤脚，怎么会要我的鞋呢。"于是放弃努力，失败沮丧而回；另一个推销员看到非洲人都打赤脚，惊喜万分："这些人都没有皮鞋穿，这皮鞋市场大得很呢。"于是想方设法，引导非洲人购买皮鞋，最后发大财而回。这就是一念之差导致的天壤之别。同样是非洲市场，同样面对打赤脚的非洲人，由于一念之差，一个人灰心失望，不战而败；而另一个人满怀信心，大获全胜。这个故事告诉我们，积极的心态对人们是多么重要，一个具有积极心态的人，会对生活充满信心，生活在他的眼里也是具有乐趣的，而一个具有消极心态的人，很容易悲观失望，丧失信心。

1. 父母要积极面对生活

父母要学会用乐观的态度对待生活，不要整天愁眉苦脸，唉声叹气。生活中可能有很多不如意，有的人或许正面临着下岗，有的人或许被疾病缠身，有的人或许正面临着婚姻的动荡，无论怎样，在孩子面前，父母都应该乐观一些。如果整日长吁短叹，如果牢骚满腹，这些不利的情绪会传染给孩子，使孩子也形成了同样悲观厌世的思维方式。一个生活在幸福家庭的孩子，受到父母潜移默化的影响，孩子在待人方面也会变得宽容大度，他的脸上也往往洋溢着幸福的笑容；一个生活在乐观向上的家庭中的孩子，他也会用乐观向上的态度对待生活。这便是父母的榜样作用在孩子身上的影响。

2. 父母要经常给孩子笑脸

也有些父母经常给孩子摆出难看的脸色，当孩子学习成绩不好时，当孩子不听父母话时，父母们就会不分青红皂白地责备孩子。甚至自己在工作中遇到烦恼时，也会给孩子些脸色看。这样的教育态度往往会使孩子的自尊心受到伤害，使他长期处于精神紧张状态。因此，建议父母教育孩子要讲究科学方法，与孩子谈话时要和颜悦色，心平气和。当孩子做错事时，也要先了解情况，即使批评孩子，也要讲究方法，不要经常大声呵斥孩子，使孩子对家庭生活感到厌倦或者恐惧。

3. 父母要学会和孩子讲道理

有时候，当孩子的想法、做法与父母的要求不同时，父母常常用命令、强迫的口吻让孩子服从自己的意愿。如果孩子经常生活在这样的状态中，他可能会渐渐滋生出抵触、反感的情绪。相反，如果父母能和孩子讲道理，适当引导孩子的想法，他就会感受到父母的关心和爱护，逐渐产生积极的情感体验。这样，孩子们在对待他人时也会采用温和的方式，他看待问题、思考问题的方式也不会变得偏激。例如，有的孩子喜欢看电视，父母们怕影响孩子的学习，所以一到了睡觉时间，就马上关掉电视，或者发挥父母的权威，命令孩子立刻离开电视。这样做，也许孩子听从了父母的命令，但他获得的不是愉快的情感体验。如果父母能用温和的口气对孩子说："再看 3 分钟就上床睡觉，可以吗？"孩子或许会理智思考并接受父母的建议。

营造和谐的生活环境

对孩子来说，家庭、学校、伙伴是生活的主要内容，这些因素共同构成了他生活的环境。在家庭中，当他与父母关系亲密时，他会感受到幸福，幸福成为他热爱生活的源泉；在学校里，当他对老师信任，能从老师那里经常得到鼓励时，他会感受到信心，信心成为他热爱生活的源泉；在伙伴间，当他与伙伴快乐玩耍，有困难能得到伙伴帮助和理解时，他会感受到友谊，友谊成为他热爱生活的源泉。因此，关系和谐是孩子热爱生活的重要动力。父母要在家庭中尽力创造和谐的亲子关系，让孩子生活自在滋润。在这样的环境中长大的孩子，心里自然对生活充满了爱。

1. 为孩子营造快乐的家庭氛围

家庭氛围也是孩子生活的重要环境，一个幸福的家庭是孩子热爱生活的源泉。一位 8 岁男孩的母亲苏菲女士总结自己的教子经验时，认为幸福的家庭才是孩子快乐的来源。她说[①]：

---

① 小雨. 怎样培养孩子快乐的性格.［J/OL］. http://www.jtjyol.com/article/2008/0618/article_508.html

　　我们的孩子经常被老师和同学夸奖，说他热心、乐观开朗、乐于助人，愿意帮助老师和同学做好事。有一次天下大雨，我开车接他回家的时候，他主动要求我把他那几个没带雨伞的同学也顺路带回家。老师夸奖他是个懂事的男孩。我们知道，这与我们的家庭环境是分不开的。我们家庭经济条件比较好，但主要是家庭的生活氛围好，比如，我和孩子的爸爸几乎不吵架，有事情都主动商量，即使偶尔意见不合，也决不当着孩子的面争吵；当孩子做错了事或者作业没有完成，我们的态度也不粗暴，而是耐心开导，用温和的语言和孩子交流，不给孩子精神压力，努力使孩子在比较宽松的环境中，体会亲情的可贵，体会父母给他的关心和爱护。因此，我的孩子很少会因为考试不理想而犯愁回家，也不会因为做错了事遭到我们的责骂。当然，我们对孩子的教育是不放松的，只是采取了一种比较宽松和民主的方式，尽量让孩子在没有太大的压力下健康成长。

　　从这位母亲的讲述可以看出来，她的孩子之所以有爱心，懂事，能够和同学和谐相处，更多地得益于孩子有个好的家庭环境。所以，父母要努力为孩子营造幸福温馨的家庭环境，在这样的环境中生活的孩子，会更加热爱生活，热爱生活中的每一个元素。

2. 为孩子创造自由的空间

　　要让孩子热爱生活，父母要给孩子创造自由的空间，让孩子每天都能感受到生活的快乐。如果孩子每天连一点儿自由都没有，他怎么能快乐起来呢？一个不快乐的人，又怎么能热爱生活呢？所以，给孩子一些自由的空间，让孩子乐观起来，这也是父母为孩子创造的重要环境。

　　当孩子和伙伴一起快乐玩耍时，他们是多么无忧无虑，多么快乐啊！当孩子们在做自己喜欢的事情时，是多么幸福啊！一位10岁男孩的父亲刘立河对此深有体会，他说[1]：

---

① 小雨. 怎样培养孩子快乐的性格. ［J/OL］. http://www.jtjyol.com/article/2008/0618/article_508.html

我的儿子很愿意玩耍，如果有时间，他肯定会跑出去找他的那些小伙伴玩。我们发现，这个时候孩子的脸上满是快乐的笑容。我们还发现，当孩子在他自己的房间里的时候，无拘无束，精神是放松的，也是快乐的。针对这个情况，我们开始注意平时合理安排，多给孩子一些空闲的自己能够选择的机会。比如，孩子回家写完作业，我们就让孩子做自己喜欢的事，比如摆弄玩具，看他自己喜欢的书，看自己喜欢的电视节目等。孩子有了时间，可以安排自己的事情，他就不用每天都犯愁没有时间玩了。有一次，我们带他到图书馆借书，孩子说要借《哈利·波特》，而我们想给他借几本诸如《海底两万里》《西游记》《安徒生童话》等书，看到孩子执着的神情，我们没有坚持，让孩子自己借了《哈利·波特》和《泡泡宝宝》之类的书。看得出来，孩子真是很开心。宽松的时间、自由的选择，使孩子很快就能从忧愁和难过中解脱出来，变得有说有笑。孩子渐渐变成了一个爱说爱笑的小男孩。

所以，爸爸妈妈们要鼓励孩子多交朋友，有一些固定的爱好，有更多自主的机会决定自己的事，有更多的朋友，有玩耍的时间。

3. 和谐的师生关系需要父母帮助

学校是孩子成长的重要环境，老师是孩子成长中的重要他人，有些孩子因为与老师关系紧张，因此厌恶学习厌恶生活，甚至轻生，这样的案例不胜枚举。父母要为孩子构建和谐的生活环境，一定要帮助孩子与老师建立良好的师生关系。一方面，父母可以多与老师沟通，让老师了解孩子的优缺点，多给孩子鼓励，让孩子对学习和校园生活充满信心。另一方面，父母也要做老师和孩子之间的润滑剂，多创造机会让孩子与老师多沟通，也要多讲解老师的辛苦，让孩子对老师有所体谅……总之，父母不要对孩子的师生关系不闻不问，要多创设机会，多营造氛围，使孩子与老师亲近起来。这样就等于为孩子营造了和谐的外部环境。

成功是热爱生活的催化剂

一个在生活中屡屡失败的人，往往会悲观厌世。因为他在生活中看不到希望，经常承受打击。他的成功需要得不到满足，情绪会变得恶劣，爱发脾气。相反，一个经常感受成功的人，在成功的过程中心理上也获得了极大的满足和愉悦，他的情绪也会变得乐观向上。

但是，父母要对成功有正确的理解。有些父母把考了好分数、考上好大学作为成功的标准，但这些标准并不是孩子们自己渴望达到的目标，而是父母们的目标。这样，孩子要体验的"成功"往往是他力所不能及的，即使有些孩子在父母赶鸭子上架的教育方式中勉为其难达到了目标，但他成功的过程并不快乐，相反还会很痛苦。所以我们看到有的孩子一次没考好就会沮丧，甚至轻生；有的孩子虽然已经考上了名牌大学，但却郁郁寡欢，甚至跳楼自杀。在父母正确理解的基础上，还要帮助孩子经常感受到成功，让成功成为孩子快乐生活的不竭动力。

1. 每天有个好心情

我们都会有这样的感受，当我们心情好时，看着周围的一切都是美好的，天是那样的蓝，路是那样的宽广，小雨淅沥沥那么浪漫，雪花飘飘洒洒多么飘逸；而当我们心情不好时，看着周围的一切都会觉得不顺眼，天蓝得好像有些假，路太宽阔了以至于车辆太多太喧闹，小雨淅沥沥下个没完得耽误多少事儿啊，雪花飘个不停想去哪儿也不方便；这便是心情的重要性。让孩子每天都有个好心情，这句话说起来容易做起来却不易，需要父母经常关注孩子的情绪，调整孩子的情绪，让他每天都感受到快乐。这样，好心情自然来到孩子身边。

有一位母亲很注意孩子每天心情的变化，她的孩子正读小学一年级，为了及时了解孩子每天在学校里是否过得快乐，她和女儿一起设计了一棵"心情树"：用厚纸板做了一棵大树，让孩子每天根据自己的心情在大树上贴"树叶"，心情好就贴绿色的叶子，心情不好就贴黄色的叶子。这样，父母可以及时了解孩子的心情，并可以及时和孩子沟通。这样，孩子的一个快乐变成了两个快乐，甚至全家的快乐；孩子的一个烦恼就变成了半个烦恼，甚至三分之一、四分之一个烦恼。

2. 培养孩子生活情趣

一个热爱生活的人，常常能在生活中找到自己喜欢做的事情，这样他的生活才能充满情趣。父母在家庭生活中，应该多注意培养孩子文明高雅的生活情趣，例如，让孩子学学琴棋书画，让孩子爱好某一种体育活动，这样做的目的不是为了考学多一技之长，多一张证书，而是让孩子们在进行这些活动时感受到生活的乐趣。此外，全家还可以用业余时间一起去散步、爬山，一起去看看节目、听听音乐会，或者自己在家中搞搞手工小制作，让生活常常充满欢歌笑语，让孩子在文明高雅的生活中拥有好的情绪和心态。这样的孩子，对生活的感受会更深刻，会更加热爱生活。

3. 让孩子完成力所能及的任务

让孩子经常感受到成功，可以从完成力所能及的任务开始。比如，有的家庭中，父母对孩子呵护备至，吃穿用都是高档商品，但孩子却不会玩。因为父母担心他出去玩会受伤，会和小伙伴打架等。这样，孩子虽然享受了很好的物质生活，他却没有体验到玩耍的乐趣，没有在游戏中体验过成功；比如，孩子受到父母过分的呵护，从小到大没有做过家务，到了学校里同学们会扫地他却不会，同学们能把玻璃擦得亮晶晶他却不能，这样的孩子没有体验到劳动的成功。

一个6岁的孩子就是这样的情况，父母舍不得让他做些力所能及的事情，也不让他同邻居的小伙伴一块玩耍。孩子不高兴时，爸爸妈妈就让他吃好点心，玩高档玩具，可孩子仍是默默无语，经常发脾气。后来，父母改变了教育方法，让孩子经常和小伙伴一起玩耍，帮助父母做些简易的家务劳动。这样，孩子的生活内容充实了，在完成各种任务的过程中也获得了成功的满足和愉快，孩子的情绪也得以转化，变得乐观向上了。

4. 学习调节心情的方法

乐观的心情对人很重要，一个人是否热爱生活，与他是否具有乐观的心情有着密切关系。但现实生活中，却有很多人习惯了消极的思维方式，因此他的心情也大多是消极悲观的。这样的人，在面对生活的时候，难以发现生活的魅力，也谈不上热爱生活。

消极的思维方式有下面几种类型：

一是过分概括的思维方式。即把一些个别事件概括为规律性的结论。例如，孩子一次没考好，母亲就会认为孩子"总是如此"，"一贯学习不好"；孩子一次没听老师的话，就认为这个孩子"从来都不遵守纪律"。

二是经常内归因的思维方式。即把一些责任揽到自己身上，把外在的事物与自己联系起来，把不属于自己的责任当成自己的错误。例如，孩子不小心摔伤了，母亲会认为"都怪我，没有照顾好孩子"；孩子和同学闹矛盾了，父母也会认为"都怪我，没有陪孩子一起玩"。

三是非此即彼的思维方式。在分析问题、理解事物的时候，总是喜欢用二分法，不是这个原因就是那个原因，不是好的就是坏的。因此这种思维方式也被称为"非白即黑"的思维方式。如果孩子成绩不好，父母就会认为他一定没好好学习；如果学生迟到了，老师会认为他一定是懒得起床。

四是恐慌性的思维方式。即对任何事物都往坏处想，如果老师告诉父母孩子在课堂上说话了，父母就会认为这孩子简直没法管了，将来没希望了；或者孩子一次没考好，父母也会认为孩子将来肯定不会有出息的。

因此，父母要在日常生活中教给孩子一些科学的思维方式，让孩子学会从几个方面看问题。另外，还要让孩子学习一些调节心情的方法，如郁闷的时候如何发泄，烦恼的时候如何倾诉，快乐的时候如何分享等。有了这些方法，即使遇到烦恼和苦闷，孩子也会用自我调节的方法改变心情。有了好心情，生活自然变得美好！

5. 眼界开阔心胸才能宽广

热爱生活的人必然是心胸宽广的人，这样他在处理问题的时候才能乐观豁达。父母可以利用孩子的寒暑假时间多带孩子开阔眼界和心胸，使他们形成豁达的性格。一位 10 岁男孩的父亲国志强很赞成这种做法，他说[①]：

那年暑假的时候，我们带孩子到北戴河游玩。在北戴河黄金海岸，孩子不仅捉小螃蟹，挖沙子，还套上游泳圈扑入蔚蓝色的大海中拍水，冲浪。那一阵子，孩子真的是很高兴，连他的老师和同学都觉得他忽然改变了许多。孩子渐渐长大了，我们带孩子出去旅游的时间也多了，远至东北哈尔滨，近到西湖周遭的山山水水，许多地方留下了我们的足迹。去年，我们又在暑假的时候带孩子去了一次四川，在乐山，孩子头一次看到高大、雄伟、壮观的乐山大佛，那种激动和惊奇，比任何时候都要强烈。而且孩子一路上有说有笑，我想，经常带孩子旅游，让孩子饱览祖国大好河山，领略大自然的山山水水，这对孩子良好性格的养成，无疑有着重要的作用。

眼界开阔心胸才能宽广，心胸宽广才能积极乐观，这样的人才能对生活充满热爱。相反，一个心胸狭窄的人，很容易受生活的影响变得郁郁寡欢，这些人眼中的生活没有乐趣可言，更难以看到生活自身的魅力。因此建议父母多带孩子外出开阔眼界，让孩子们多见识大自然中的事物和社会上的人，领略生活的丰富多彩。

---

① 小雨. 怎样培养孩子快乐的性格. 〔J/OL〕. http://www.jtjyol.com/article/2008/0618/article_508.html

6. 磨炼意志，坦然面对挫折

生活中难免会遇到挫折，面对挫折时的心态将影响一个人对生活的态度。在生活中，父母也要让孩子学会一些调适心理健康的方法，让他们能够坦然面对挫折，在挫折中不断磨炼自己的意志。作为父母，不要过度保护孩子，生怕孩子受到一点儿委屈或挫折，应该让孩子在挫折中使自己不断变得坚强。同时，父母还要设法给受了挫折的孩子一点儿掌声，鼓励他们所做出的努力。

生活色彩斑斓，每天清晨醒来，当您看到第一缕阳光，就说明新的一天又开始了。在日复一日的"一天"中，我们用什么心态去对待呢？是充满烦恼？还是期待美好？一个心情愉快的人，一个对生命充满热爱之情的人，会对每一缕阳光、每一滴雨珠、每一抹夕阳都充满了喜悦之情，因为他知道这是生活的赐予。因此，帮助孩子养成热爱生活的好习惯，可以说是习惯之源，没有良好的心态，没有对生活的热爱，世界在孩子的眼里将是灰蒙蒙的。这样的人，爱心何在？

同样，考核孩子的习惯养成效果，要把热爱生活作为重要方面进行考核。热爱生活不能停留在演说词上，要落实在实际行动中。

知：知道一个人的心态和生活质量有密切关系；

知道生活有风有雨，有泪有笑，有日出日落；

情：喜爱大自然中的一切，认为大自然是美好的；

对生活充满信心，有前进的动力；

真诚对待身边的人，珍惜朋友；

意：面对挫折、失败能能用镇静的心态对待；

愿意通过自己的努力战胜困难；

不灰心不丧气，积极乐观地对待；

行：热心对待生活中的点点滴滴；

孝敬父母，为父母做力所能及的事；

关心体贴爷爷奶奶等长辈；

在交往中与他人友善相处；

自己的事情自己做。

习惯培养、评估具有整体性原则，除了在知情意行四个方面保持整体性外，在整个习惯培养、评估过程中，还要注意把习惯养成、评估放在儿童的生活中去进行。这样，儿童的学习、生活构成了完整的一体环境，才能更好地促进儿童习惯养成，使得习惯养成与儿童的生活、学习浑然一体，不会变成"两张皮"行为。作为家庭，要根据孩子的实际生活来设计习惯培养的措施，用生活中的细节来评估孩子的习惯养成效果。另一方面，习惯养成又会促进孩子们的学习、生活，提高他们的学习效率和生活质量。

父母或老师在培养孩子良好习惯的同时，一定要注意"破立结合"，"有破有立"，既要养成良好习惯，又要注意矫正不良习惯。一些养成了坏习惯的孩子，往往在认识上很盲目很模糊，甚至产生了错误认识；在情感上，他们的情绪往往也比较对立和抵触；在意志方面他们有可能缺乏自制力；在行为上自然要表现出一些不良习惯。这些习惯如果不及时矫正，会影响良好习惯的形成。

好习惯是人一生的财富，一个民族的好习惯，会产生强大的力量，让这个民族迸发出神奇的力量；一个人的好习惯，对人一生的影响是无形的，它融合在人们的生活中，甚至悄悄地影响着人们的未来。作为父母或教师，要把握孩子成长的重要契机，把习惯养成内化为孩子的个人需要，从培养爱心好习惯开始，让爱伴随孩子的一生，让孩子的一生都生活在爱的世界里。

后记 POSTSCRIPT

五个好习惯成就孩子幸福人生

《习惯决定孩子一生》出版后受到读者热烈欢迎，出版仅一个多月就连续再版，并且作为中国移动手机阅读首发。身为作者，我自然开心，因为写书就是为了给读者看，就是服务读者的需要。我在《习惯决定孩子一生》的序言中特别预告，随后将出版的"五个好习惯"丛书，可以为读者朋友提供更为具体有效的帮助。如果说《习惯决定孩子一生》是习惯培养提纲挈领的总指导，"五个好习惯"丛书就是具体操作手册。

为了方便读者朋友了解这套丛书，这里简要介绍一下与我合作的五位优秀作者。

《培养仁爱好习惯》的作者是副研究员孙宏艳，长期担任中国青少年研究中心少年儿童研究所所长，曾经担任习惯研究课题组的常务副组长。她主持过多项国家级的课题研究，尤其是连续 7 年负责中、美、日、韩高中生的比较研究，有许多重要的发现和建议。

《培养学习好习惯》的作者是儿童心理学博士赵霞，在中国青少年研究中心少年儿童所工作近 10 年，曾经是习惯研究课题组的科研骨干。她从一个师范学校的老师到儿童心理学硕士和博士，对学习过程有特别的体验和理解。

　　《培养负责好习惯》的作者是编审刘秀英，长期担任中国青少年研究中心家庭教育研究所所长和《少年儿童研究》主编，曾经担任习惯研究课题组的常务副组长。20 年的编辑生涯使她对儿童成长有一种浓厚的理性关怀情结。

　　《培养自理好习惯》的作者是儿童心理学副教授李文道博士，他是首都师范大学家庭教育研究中心的副主任，曾经担任习惯研究课题组的副组长。他还在读博士期间，就深入北京几所小学，进行了为期一年的习惯与人格的实验研究，在理论与实践的结合上有重要突破。

　　《培养尊重好习惯》的作者是中学高级教师闫玉双，长期担任全国尊重教育研究课题组的负责人，也是习惯研究课题组的科研骨干。她有丰富的教育教学实践经验，又主持尊重教育研究课题近 20 年，可谓写如何培养尊重习惯的最佳人选。

　　作为主编，我的任务一是提出高质量的写作选题，二是组织高水平的作者队伍，三是选择有眼光的出版社。我可以骄傲地说，我尽力了，我做到了，这是一套开卷有益的好书。

2013 年 11 月于北京世纪城